「なぜか許される人」がやっている24の習慣

小林奨
Text by Sho Kobayashi

24 habits of the person who is always forgiven.

彩図社

はじめに～「なぜか許される人」とは?～

同じことをしているのに、なぜか許される人と許されない人がいます。

たとえば上司に企画を見てもらおうとする際、

「A案が良いと思うぞ。しっかりやれよ!」

と笑顔で言ってもらえる人もいる一方で、

「A案でやればいいだろ!　うるさいやつだな!」

と、企画書を出しただけで怒りを買ってしまう人もいます。

この違いはいったいどこからくるのでしょうか。

性格や人柄でしょうか。

たしかにそれも大きな要因でしょう。

でも違いを生んでいるのは、実は何気ない〝習慣〟だったりするのです。

ここでいう習慣とは人間関係をかたち作る〝表現〟や〝しぐさ〟のこと。「許される人」

は自然と、相手の怒りを抑える〝習慣〟ができていることが多いのです。
では、具体的にどのように怒りを抑えているのでしょうか。
ここでひとつ例を挙げてみましょう。

「許されない人」の習慣の一例　～あるカップルの休日～

ここにAさんという、恋人と同棲をしている男性がいたとします。
仕事は恋人も行っているため、Aさんは家事を2人で分担しています。
そんなある日の休日。残業続きの疲れを癒そうとゆっくり眠っていたAさん。
二日酔いで頭がガンガンと痛む中、恋人は、
「起きた？　なら、ちょっとそこの部屋片づけて。それと掃除もね」（※①）
と前衛的すぎるモーニングコール。
「ハイハイ、ったく。分かりましたよ」
とイライラしながら、頭を抱えて立ち上がったAさん。
しかし、家事は完ぺきにやろうとすると難しいもの。

床の掃除や料理、食器拭きや洗濯ものたたみ。これらを誰にも教わらずにできる男性は、そう多くはないでしょう。

「早くやらなきゃなあ……」

そう考えながらも、なかなかやる気が出ないでぐずぐずするAさん。

ようやく重い腰を上げましたが、その日は友人とメールでやりとりをする必要もありました。**要領が分からなかった上に、家事の合間に送られてくるメールとの同時進行が大変で、家事が手につきませんでした。**（※Ⅰ）

そこで、ちらかった部屋を見た恋人は、

「どうしてこんな片づいてないのよ！　どうせやる気ないんでしょ？　もっと丁寧にやってよね！」（※②）

と、怒り出してしまいました。

「理不尽だ……」

「そんなに言うなら自分がやれよな……」

Aさんはそう思いつつも、しぶしぶ掃除をやり直しますが『丁寧に』と言われても、具体的なやり方が分かりません。

もたもたと家事をするＡさんを見て業を煮やした恋人は、

「何やってるのよ、もう！　ほんっと使えないんだから！」（※③）

と、痛烈な一言まで叩きつけました。

「そんな言い方ないだろ！」

と、Ａさんも反論したことで、喧嘩が勃発してしまいました……。

「許される人」の習慣とは？

このようなケンカ、みなさんもきっと経験があると思います。

Ａさんは恋人の言い方を許すことができず、恋人もまたＡさんの態度を許せませんでした。

では、２人はどうすればお互いを許すことができたでしょうか。

Ａさんは文句を言わずにニコニコと、恋人の言うとおりにすればよかったのでしょうか？

恋人は寝ているＡさんの代わりに、自分が家事をすればよかったのでしょうか？

たしかにそれも一つの方法です。

……しかし、それでは片方がずっと我慢して、イライラした日常を過ごすことになりかねません。かといって、前述の例のようにケンカして過ごすのも楽しくはないでしょう。

そこで重要になるのが、**上手に相手とコミュニケーションを行う力を高めることで「許される人がやっている習慣」、すなわち「人を怒らせない習慣」を学ぶということです。**

登山にたとえるならば、

「登山をしないことで、遭難することを避ける」

のではなく、

「遭難しないため、入念に装備を整えて訓練することで、山とより上手に付き合っていく」

ことが大事なわけです。

とはいえ、

「そんなこと言われても『許される人の習慣』って？」

と思うでしょうから、先ほどのシチュエーションを使って、やってみましょう。

「許される人」の習慣の一例　～あるカップルの休日編 TAKE2～

ここにAさんという、恋人と同棲をしている男性がいたとします。

仕事は恋人も行っているため、Aさんは家事を2人で分担しています。

そんなある日の休日。残業続きの疲れを癒そうとゆっくり眠っていたAさん。

二日酔いで頭がガンガンと痛む中、恋人は、

「おはよう。昨日は飲みすぎたみたいだけど大丈夫？」

と、心配そうに声をかけてくれました。そこで大丈夫と言ったAさんに、恋人は申し訳なさそうに言いました。

「そう？　……じゃあ、朝から悪いんだけど、ちょっとそこの部屋を片づけて、掃除もしてくれる？」

「しょうがないな、分かったよ」

とAさんは苦笑しながら、頭を抱えて立ち上がりました。

さて、家事は完ぺきにやろうとすると難しいもの。

床の掃除や料理、食器拭きや洗濯ものたたみ。これらを誰にも教わらずにできる男性は、そう多くはないでしょう。

加えてその日は友人とメールをやり取りする必要がありました。

そこでAさんは友人に断ったうえで携帯の電源を切りました。そして「**とりあえず本だけでも片づけるかな……」と、やりやすいことから手を付けることにしました。どこにしまえばいいかわからないものなどは、とりあえず部屋の片隅に置いた大きな箱の中に放り込み、月末に確認することにしました。**

しばらくした後、きれいになった部屋を見た恋人は、

「**掃除してくれたのね、ありがとう！**」

と、満面の笑み。そのあとに、

「**けど一ついいかな？　机の上が少し汚れているよね。次からは机の上も拭いてくれたら嬉しいな**」

と付け加えられたので、Aさんは快く了承しました。

いかがでしょうか？

「寝起きのAさんに家事をお願いしている恋人」

「頼まれた家事が上手にできていないAさん」

の構図は変わっていないのに、お互いに気持ちよく過ごせていますし、作業の効率自体も

上がっています。

このように**「相手とより良い関係を築く」ことによって「許されるようになる」のが本書の目的**です。

人を怒らせる理由は様々

人間は常に人と人のつながりの中で生きています。そのため、どうしてもちょっとしたことが原因で怒らせてしまうことはあると思います。

では、なぜ人は相手を怒らせてしまうのでしょうか。

ある時は仕事でミスをして、そのせいで上司に怒られてしまうこともあるでしょう。

またある時は、こちらの伝え方が不味かったのか、得意先がなぜか怒り出してしまうこともあるでしょう。はたまたある時は、相手の発言や言動にカチンときて、売り言葉に買い言葉でトラブルになることもあるでしょう。

このように、とにかく人を怒らせてしまう原因は様々です。

そこで本書では、

①こちらは別に自覚はないのに、なぜか相手を怒らせてしまうパターン
（3ページの恋人のセリフ①がこれに当たります）
②言いたいことが相手にうまく伝わらないため、トラブルに発展するパターン
（4ページの恋人のセリフ②がこれに近いでしょう）
③仕事でちょっとしたミスを繰り返すことによって怒らせてしまうパターン
（4ページのAさんの行動Ⅰがこれに当たります）
④つい感情的になり、相手とトラブルを起こしてしまうパターン
（5ページの恋人のセリフ③がこれに当たります）

の4パターンに分け、それぞれに対応した実例を挙げて、「許されるための習慣」を解説しています。

誰かと接する時、ほんのわずかなことを心がけるだけで、「怒られる」は「許される」に変わる可能性があります。本書が「許される習慣」を身に付け、周囲との円滑な人間関係を築くきっかけになれば、著者としてそれに勝る喜びはありません。

～「許されない人」の行動例～

「許されない人」、すなわち「怒られやすい人」は、知らず知らずのうちに相手を怒らせる行動を取っていることも…。以下に本書で扱う代表的な例を挙げてみました。

状況が読めずに怒らせる

否定文で怒らせる

ミスを責めすぎて怒らせる

忘れっぽくて怒らせる

上の空で怒らせる

ストレスを溜め込み怒らせる

「なぜか許される人」がやっている24の習慣　―目次―

【第2章】
なんで怒られたのか分からない
「無自覚型」の許される習慣

イラスト：後藤亮平（BLOCKBUSTER）

【第1章】

タイプに応じて対策が変わる

人を怒らせるパターン4分類

こちらに悪気があるわけではないのになぜか相手に嫌な顔をされてしまう……。本当はうまくやっていきたいのになぜか喧嘩で終わってしまう……。

そういった経験は誰もがお持ちではないかと思います。

さて、「許されない人」には、いくつかのパターンがあります。

自分の気持ちが相手に伝わらず、それが原因で怒られてしまう人もいれば、書類の記入ミスや約束を忘れることが多かったりすることで怒られる人もいます。それぞれのパターンに応じた対処法をとれば、相手を怒らせることを回避することができます。

本書では、人を怒らせてしまうパターンについて、

①無意識に相手に不愉快な気持ちを与えてしまう「無自覚型」
②こちらの意図したことが伝わらずに相手をいら立たせる「すれ違い型」
③仕事を行ううえでミスが多く、それで人を怒らせてしまう「ミス多発型」
④感情的に発した余計な一言で相手を怒らせてしまう「一言多い型」

の4つに分類しました。どのようなものなのか具体的に見ていきましょう。

～人を怒らせる４つのパターン～

①無自覚型 （詳しくは20ページ参照）

①相手を怒らせてしまったが、その理由がわからない。
②普通に接しているつもりなのに周りから「偉そう」「自己中心的」などと言われる。

②すれ違い型 （詳しくは24ページ参照）

①こちらの意図していることが相手に正しく伝わらないことがよくある。
②周りから誤解されやすい。

③ミス多発型 （詳しくは28ページ参照）

①どんなに注意していても、細かいミスが多い。
②なかなか物事に取り掛かることができず、締め切り直前になって慌ててしまう。

④一言多い型 （詳しくは32ページ参照）

①感情的になって余計なことを言ってしまう。
②勢いで安請け合いしてしまった結果、十分に期待に応えることができず相手を怒らせてしまう。

※上記のパターンはあくまでも「自分は○○型になることが多いんだな」という程度の目安でしかありません。「自分はどちらかというと『無自覚型』だな」という人でも「すれ違い型」のような怒らせ方をする場合や「一言多い型」の怒らせ方をする場合もあります。自分が当てはまると思う型ばかりではなく、その他の型についてもぜひ読んでいただければと思います。

人を怒らせるパターン　その1

「無自覚型」について

「無自覚型」とは？

重要な会議に備えて、徹夜で企画書を仕上げてきたとします。

時間をじっくりかけて作った自信作。いざプレゼンの場で発表をしました。

しかし、発表を聞いた人にこう言われたらどう思うでしょうか。

「でもそれ、予算を考えると無理ですよね」

「得意先はきっと納得しませんよ」

きっとこうしたネガティブなことばかり言う人がいれば、腹が立つのではと思います。

このような**「相手を怒らせる発言」を無意識にしてしまうことが多い人は「無自覚型」**と

言うことができます。

「無自覚型」の特徴

「無自覚型」の特徴は、読んで字のごとく、

「自分では怒らせるつもりはないし、普通に接しているだけなのに、なぜか相手を怒らせてしまう」

というものです。

自分では特に悪意もなく、普通に話しているだけなのに、言葉遣いや表現の仕方、あるいは表情やしぐさなどから、

「○○さんって偉そうだよね」

「なんでそう、上から目線で話をするんだ」

などと言われてしまうのです。

もしもあなたが怒らせるつもりもないのに相手に悪い印象を与えてしまっているならば、この「無自覚型」に当てはまるかもしれません。

「無自覚型」の怒らせない対策

もしも、あなたが「無自覚型」であるならば、相手を怒らせる原因は〝ちょっとした表現の掛け違い〟にあると言えます。

「許される人」になるには、その〝表現〟のやり方を変えることが重要になります。

先ほどのプレゼンの例で考えてみましょう。

あなたの発表に対してネガティブな意見がありましたが、

「どの部分を削れば、予算を捻出できますか？」

「企画に新しさを出すには、どう工夫をすればいいでしょうか？」

「どうすれば、得意先を納得させることができるでしょうか？」

という言い方だったらどうでしょう。

おそらくそれほど腹が立たないのではないでしょうか。

本書では「表現をどう変えれば、相手に嫌な印象を与えることを防げるか」を具体的な例を挙げて解説します。

「無自覚型」の怒らせるパターン

①相手の事情に気付かない

相手が忙しそうにしているのに、それに気づかず、自分の要求を通そうとしてしまう。

②上から目線の表現になる

目上の人に「結構～ですね」「意外と～なんですね」など、上から目線と思われる態度をとってしまう。

③否定から入ってしまう

せっかくの会話なのに、相手の意見や話に否定から入ってしまい、空気を悪くしてしまう。

④厳しい表現で怒らせる

友人、同僚など立場が近い人に対する物言いがストレート過ぎて、相手を苛立たせてしまう。

人を怒らせるパターン　その２

「すれ違い型」について

「すれ違い型」とは？

自分の気持ちというのはなかなかうまく伝わらないものです。

たとえば、あなたが仕事で嫌な思いをしたとします。

あなたは話を聞いてほしくて、先輩に相談しに行きました。

自分の気持ちを分かってほしかったあなたは、今までのうっぷんが噴出して「あの得意先は前から～」「それに仕事の内容だって～」と愚痴を言い続けます。

それに対して先輩は、「じゃあ、こうするのはどう？」「○○をしてみたらどう？」とアドバイスをしてくれました。

でも、先輩にしてほしかったのはアドバイスではなく、ただ話を聞いてもらうことでした。そこで先輩のアドバイスに構わず、愚痴を言い続けていたところ、

「結局、あなたは今の仕事が気に入らないってことね！」

と、怒らせてしまいました。このような**〝やりとりの失敗〟で相手を怒らせてしまうパターンが、『すれ違い型』**と言えます。

「すれ違い型」の特徴

「すれ違い型」の特徴は、**相手とのやり取りが上手くいかないせいで「言い方が厳しい」あるいは「言っていることの意味がよく分からない」などと思われてしまうことです**。

こちらとしては普通に意見をしたり、話をしたつもりであっても、相手に悪く受け取られたり、嫌な思いをさせてしまったりするのです。

「あんな言い方しなくてもいいのに……」

「結局何が言いたいか分からないんだよなあ……」

と思われてしまう場合には「すれ違い型」と言えるでしょう。

「すれ違い型」の怒らせない対策

もし相手が温厚な性格だったり、いわゆる「察しの良いタイプ」であれば許されることもあるかもしれません。

しかし、**相手との相性によっては「すれ違い型」はよく怒られてしまうことになります。そのような方と話をする際には「分かりやすい言い方」「相手が受け入れやすい言い方」をするように心がけることが重要です。**

先ほどの例でいえば、あなたは単に「自分が辛いこと」を分かってほしかったのに、相手は「アドバイスがほしいんだろうな」と誤解してしまったため、起きてしまったトラブルだったと言えます。

そのような時は、

「先輩。最近仕事が辛くて……愚痴を聞いてもらえますか？」

などと一言添えて話をすれば、すれ違いを防ぎ、相手にうまく話を聞いてもらうことができます。「相手に伝わりやすい言い方」をすることが重要になるのです。

「すれ違い型」の怒らせるパターン

①言ったことが伝わらない

自分ではうまく指示を伝えているつもりでも、質問の仕方が不十分で、相手にうまく伝わっていない。

②未来志向になれない

いつまでも過去のネガティブな話をひきずってしまい、相手をうんざりさせてしまう。

③気持ちを表現できない

自分がいま何をしたいのか、態度で表すことをしないため、相手に気持ちを伝えることができない。

④自己主張ができない

トラブルを恐れるあまり、自己主張が苦手に。結果、意に沿わないことをしてストレスを溜めてしまう。

人を怒らせるパターン　その3

「ミス多発型」について

「ミス多発型」とは？

人間は生きている限り必ず失敗するものです。

伝票の数字を打ち間違える、約束の時間に遅れる、大事な仕事の手順を飛ばしてしまう……。仕事や私生活で絶対にミスをしない方法などありません。

そういったミスがたまに起きるぐらいならまだいいですが、同じようなミスを何度も続けているようだと、相手もさすがに怒ってしまいます。

このように**「ミスを何度も繰り返すことで、相手を怒らせてしまう」**のが、**「ミス多発型」**と言えます。

「ミス多発型」の特徴

「ミス多発型」の特徴は、読んで字のごとく「ミスが多い」ということです。また、**自分自身でどれほど注意しているつもりでも、同じようなミスを繰り返してしまったり、うっかりしてしまったりするという点にも特徴があります。**

自分はまじめにやっているつもりなのに、

「真剣に仕事をやっていないんじゃないか」

「仕事ができないヤツだ」

と思われてしまう人は「ミス多発型」と言えるでしょう。

「ミス多発型」の怒らせない対策

「ミス多発型」が怒らせないようにする方法は、当たり前だと思うかもしれませんが、やはりミスを減らすことです。

ただし、その方法にはひと工夫が必要です。

バスケットボールのシュートを思い浮かべてください。シュートのコントロールが悪い選手に「ゴールをよく狙って打とう」などと心構えを説けば、その選手は上手くなるでしょうか。おそらくそれだけでは成績は上がらないと思います。

ミスの場合も同様です。「ミスを減らそう」と思っただけでミスが減るのであれば、苦労はないのです。

重要なのは、「ミスを防止する具体的な策」を立てることです。

たとえば、メールの誤送信をよくしているならば、

「毎回送り先や文面を音読する」
「文字のフォントを大きくする」
「メールを送る瞬間は、他の業務のことを考えない」

といった対策を取るだけで、ミスを大幅に減らすことができます。

これは日常生活でも同様です。**ちょっとした工夫をするだけでもミスは減らせる可能性があります**。具体的にどういう工夫をすれば良いか、第4章で具体的に解説します。

「ミス多発型」の怒らせるパターン

①知ってるつもりでミス

場所や期日など、知っているつもりで確認をしないので、土壇場になってミスをしてしまう。

②なにかと忘れっぽい

周囲の声や新しい仕事などに気をとられてしまい、肝心の重要なことを忘れてしまう。

③確認してもミスをする

本来はミスを減らすための確認作業のはずが、機械的に行っているために意味をなさなくなっている。

④優先順位が付けられない

作業の見える化ができていないため、どの仕事から手をつけたらよいのか、わからなくなる。

人を怒らせるパターン　その4

「一言多い型」について

「一言多い型」とは？

人間社会には常にストレスの種が散らばっています。

電車に乗り過ごす、傷つくことを言われる、思い通りにことが運ばない……そういったことは誰にも経験があることでしょう。

しかし、そうしたストレスを受けて、感情的になったとしたらどうなるでしょうか？

イライラを誰かにぶつければ、当然、ぶつけられた方は嫌な気分になります。

場合によっては相手も感情的になって、ケンカなどの人間関係のトラブルに発展してしまうかもしれません。

イライラをぶつけないまでも、**「感情的になって、余計なことを言ってしまう」ということはよくあります**。

本書ではそんなパターンを「一言多い型」と名付けました。

「一言多い型」の特徴

怒りの感情を持つこと自体は、人として当然のことです。

しかし、他人とうまくやっていくためには、怒りの感情とうまく付き合っていかなければなりません。

「一言多い型」の特徴は、**イライラすることが起きた時に、感情的になって相手を怒らせてしまうという点にあります**。

代表的なのは、頭では「言うべきではない」ということを分かっているのに、

「なんであの時、あんなこと言っちゃったんだろう……」

と言ってしまったあとに後悔してしまうパターン。

また、疲れているのに安請け合いしてしまい、相手を怒らせるといったケースもあります。

「一言多い型」の怒らせない対策

感情のコントロールを行うことはなかなか難しいものです。加えて怒りの感情というものは蓄積するものでもあります。

たとえば、同じ「上司から嫌味を言われた」であっても、「ミスもなく、商談も上手くいき、そして美味しいランチを食べてきた後」と、「電車は止まり、にわか雨に降られ、昼食も食べ損ねた後」では、感じるストレスも大きく変わると思います。

上司から怒られた時にもそれを「自分は嫌われているんだ」と思うのと「それだけ期待されているんだ」と思うのでは同じように感じるストレスも変わることでしょう。

逆に言えば、**自分の中に溜まっている「イライラの感情」をこまめに取り除いたり、イライラの原因を別の視点でとらえ直したりすることが、感情的になることを防ぐことにつながります。**

「一言多い型」の怒らせるパターン

①余計な一言が出てしまう

本当はそんなことを言わない方がいいとわかっているのに、思ったことがすぐに口をついてしまう。

②深読みして感情的に…

相手の発言の意味を深読みして、ネガティブにとらえたために、感情的になってしまう。

③自分の話ばかりする

相手がまだ話しているのに、それを遮って、自分の話をしてしまう。相手は当然、不愉快な気分に…。

④感情に振り回される

怒りへの対策ができていないため、ふいに腹が立つ場面に遭遇すると、つい感情的になってしまう。

【第2章】

なんで怒られたのか分からない…

「無自覚型」の許される習慣

・普通に接しているつもりなのに、なぜか相手が怒ってしまう
・相手を怒らせる時には、たいてい怒らせた理由が分からない
・そんなつもりはないのに、周りから「偉そう」「自己中」などと言われてしまう

など、知らず知らずのうちに相手を怒らせてしまう**「無自覚型」**。

この「無自覚型」に当てはまる方々の、どのような発言が相手を怒らせてしまっているのか、そしてどのような言い方をすれば相手を怒らせないのかについて、この章では解説をいたします。

今回の主人公：
無地《むじ》 覚夫《かくお》さん
（24歳・会社員）

「無自覚型」の許される習慣1

無意識な「上から目線」を改める

普段の話し方を少し変えると、相手が受ける印象は大きく変わるものです。

たとえば、なぜか相手を怒らせてしまう人の場合には「ください」「結構」などの言葉を無意識に何度も使っているのかもしれません。このような「ください」などのフレーズを変えてみるだけでも、相手が怒る可能性は下がることでしょう。

ポイント

左のマンガのように、「ください」という表現は、強い「要求」になってしまいます。また「結構」などの発言は、相手に「上から目線」で接しているように感じさせてしまうこともあります。相手に依頼をする時は、相手の状況を踏まえたうえで話を切り出すことも重要です。

上から目線に思われると…

日本語というものは非常に難しいもの。

敬語を使いさえすれば相手に嫌な思いをさせないというわけではありません。

あなたももしかしたら、

「敬語を使って丁寧に接していたつもりなのに、なぜか相手を怒らせてしまう」

という経験があるのではないでしょうか？

ひょっとするとそれは、あなたの「敬語の使い方」が問題なのではなく、実は「表現の方法」に原因があるのかもしれません。

たとえば前ページのマンガで使っていた**「～してください」という表現。この言葉は相手に強い伝わり方をするので、上司は「失礼な奴だな」という気持ちになっていました。**人によっては、このような「ください」という表現を無意識に使っている場合もあるでしょう。


さて、このような怒らせ方をしてしまうのであれば、**会話の中で相手をムッとさせてしまう「ちょっとした言動やしぐさ」を別の言葉に変えていく**ことが、有効な方法です。

たとえば「ください」というフレーズも、

「～していただけますでしょうか？」

「〜してもよろしいでしょうか？」

など、疑問文に変えるだけで相手が受ける印象は大きく変わります。

加えて、このような「お願い事」をする前には、

「すみませんが……」

「お忙しいところ申し訳ありませんが……」

などの**「クッション言葉」を入れれば、より良い印象を与えられるでしょう**。

他にも「結構すごいですね」「なかなか良かったですよ」という表現や「悪くなかったですね」という**「否定文での褒め方」**による表現、そして相手を評価するような話し方も、**「上から目線」「偉そう」と受け取られてしまいかねません**。そのような話し方も避けることが重要です。

相手を怒らせる理由は単に言語による表現（「言語的コミュニケーション」といいます）だけとは限りません。

たとえばあなたの仕事を同僚が代わってくれたとします。その際に無表情で機械的にお礼を言ってしまうと、それで相手は不快な気持ちになることもあります（実際、表情を変える

のが苦手な人というのはいるものです）。

お礼を言う時には、表情やしぐさなどによる表現**（同じく非言語的コミュニケーションといいます）**でも感謝を伝えることを心がければ、相手に対して与える印象も大きく変わるでしょう。

また無自覚型の人は、オーストリア出身の心理学者、フリッツ・ハイダーの提唱した**「バランス理論」**についても知っておくべきかもしれません。

これは簡単に言うと「自分と相手と『何か』の三者のバランスを取ろうとする人間の考え方」です。

たとえばあなたが、ある映画を好きだったとします。この時、あなたの知り合いもその映画が好きであれば、その相手になんとなく好意を持つはずです。

逆にその知り合いが、その映画をケチョンケチョンにこき下ろしてきたら、どうでしょうか。きっと相手との心理的な距離を感じてしまうと思います（あるいは、その映画を友人に好きになってもらおうとしたり、自分がその映画を嫌いになったりなどの可能性もあります）。

言い換えれば、**相手が好きなものを自分も好きになることで、相手もあなたに対して好印**

象を持ちやすくなるということです。そのため、仮に相手の好きなものが興味のないものであったとしても、**実際に触れてみて、そのうえで「評論」ではなく「良かったところはどこか」を積極的に探していく**ようにすることが重要です。

もしあなたが自覚もないのに周囲から、

「失礼な奴」

「偉そうな奴」

と言われているのであれば、まず普段相手にお願いする時に「どんなお願いをしているのか」だけでなく「どのような言い方でお願いしているのか」も考えてみるといいでしょう。

■良い例：「ください」「結構」を言い換えると…

無地さん（部長は今、忙しそうだな……）

そう思った無地さんは、部長が会議から戻ってきてから声をかけました。

無地さん「お疲れ様です、部長」
部長「ああ、お疲れ！　なんかあったか？」
無地さん「**来週の商談のことなんですが、今5分ほどよろしいですか？**」
部長「ああ、悪いが手短に頼む」
無地さん「来週A社に行く予定ですが、**いつご都合がよろしいかを教えていただけませんか？**」
部長「ああ、それなら14日……いや、この日はダメだ。18日だな」
無地さん「お忙しいんですね。最近体調は大丈夫ですか？」
部長「ああ。健康のために毎日作る夕食にもひと手間かけててな……」
無地さん「へえ！　すごいですね！　僕も料理は好きなのでコツを知りたいです！」
数分、部長の健康談義が続いた後……
部長「っと、商談の話だったな。他に何かあるか？」
無地さん「はい。**当日の企画ですが、どちらで行くべきでしょうか？**」

そういって、企画書のA案とB案を出す無地さん。
部長「これならA案……いや、日程的に無理か。B案を推す方が良いな」
無地さん「分かりました！　頑張ります！」

このように、「ください」を「～でも大丈夫ですか？」などの疑問文に変換すると、こちらの希望をやんわりと伝えることができます。
また、いきなり本題を切り出すのではなく、相手の状況を把握することや、最初に案件を簡単に伝えることも併せて行うと、より相手が答えやすくなることでしょう。

まとめ

「～してください」という表現や「結構」を用いた表現は、あまり良い印象を与えないことが多い。そのため「～していただけますでしょうか？」などの疑問文に変えるなど表現方法の工夫が重要となる。この他にも「非言語的コミュニケーション」すなわち表情やしぐさなどに気を遣うことで、相手に良い印象を与えることにつながる。

「無自覚型」の許される習慣2

会話の「頭」と「しっぽ」にも気を配る

誰かに何かを伝える時、つい用件から話してしまうことがあります。

しかし、相手としては事情が分かっているわけでもないのにいきなり話されても混乱してしまいますし、何より用件から入られると失礼に感じるものです。

それを防ぐための話し方を解説いたします。

ポイント

左のマンガのように「いきなり『胴体』である本題から入る」ことや「雑な態度を取ること」をしてしまえば、どんなに内容が優れていても、相手には響きません。そこで、話をする際には内容だけではなく、その態度や前後関係、伝え方にも気を配ることが重要です。

話が唐突すぎると…
急がないと
部長!!
なんだ?
この間の企画書作り直しました
パサ
この間? なんの話だ? というか失礼な奴だな
やっぱりA案だと予算が厳しいですね
経理に聞いたんですが…
ん?
資料のどこの話だ?
ということでここも修正しました
ぐい
いや 俺も今忙しいんだよ!!
うん 内容は悪くないが…
にしてもその偉そうな態度 なんとかしろよな～
ハァ
え?
あ…はい すみません……

無自覚に相手を怒らせてしまう原因のひとつに、「話の内容」ではなく「話の伝え方」が悪いというものがあります。

もし、職場で上司から仕事を頼まれたとしても、

「おい、これ今日中にやっとけ」

と言われるのと、

「おはよう。今日は忙しいのか？　……それなら忙しいところ悪いけど、今日中にこの仕事やってくれないか？」

と言われるのでは、受ける印象も大きく異なるでしょう。

前ページのマンガでも、無地さんは部長にいきなり「企画書の話」をしていますが、それが失礼な態度だと思われてしまっています。

頼みごとをする際などは、相手の気持ちを尊重しつつ**話の内容（胴体）だけでなく、その前後（頭としっぽ）にしっかりと気を配ることも必要です**。……とはいえ、具体的にはどうすれば良いかと言われると難しいもの。

そこで一つの例として、

「挨拶（頭）→前振り（頭）→本題（胴体）→お礼の言葉（しっぽ）」

という順番で話をしてみてはいかがでしょう。

たとえば友達の携帯を借りる時にも、

「ちょっと携帯貸して」といきなりお願いするよりも、

「こんにちは（挨拶）」

「ああ、こんにちは」

「バイト先の店長に電話したいんだけど、携帯の充電が切れちゃったんだ（前振り）」

「え？　それは困るよね」

「だからさ、悪いんだけど携帯貸してくれない？（本題）」

「分かった。いいよ」

「ありがとう、助かるよ（お礼の言葉）」

などのほうが、相手に良い印象を与えるでしょう。

そして、その際には「一方的に話す」のではなく「**相手の反応も観察しながら話をする**」

ということも大切です。

人間は、**話していることが常に本音とは限りません**。

相手が考えていることは、表情や顔色、声のトーンに自然に出やすいものです。

眉間にしわを寄せながら「君のアイデアは最高だよ」と言っていることもあるでしょう。

このような場合、本当はあなたのアイデアに満足していないと推測できます。

そのため、相手の表情や顔色などはもちろん、話をしている時の声のトーンなどからも、相手の気持ちを判断することが重要です（むろん、この際に相手をじろじろ見るような行動を取れば逆効果ですが）。

後述する「良い例」でも、相手の状況を見計らってから声をかけており、挨拶をした後、前振りをしてから本題に入っています。そして最後には「ありがとうございました」とお礼の言葉を使っている他、相手の反応も見ながら話をしています。こうすれば、相手に嫌な印象をあまり与えなくなることでしょう。

また、先ほど挙げた例では、無地さんが企画書を出す時の態度も雑な渡し方をしており、あまり良い印象を与えません。

もしかしたら、無地さんは**「これから話そうとすること」に頭がいっぱいで、細かいところに気が回らなかった**のかもしれません。

しかし、こういう態度と行動を取ったら、部長としては聞く気が失せてしまいます。そのため、話をする際には、話すことにばかり頭を取られずに、**話をする際の態度にも気を遣いましょう**。

そして最後に忘れてはいけないことは、

「こちらが考えていることを相手も考えているとは限らない」

ということです。

先ほどの例でも、部長は「一体無地さんは何の話をしているのか」が分からなかったせいで、混乱しています。**誰かに何かを伝えようとする時は「何の話をするのか」をはっきりさせることも大切**なのです。

相手が良い気持ちで仕事ができるよう工夫をすることは、決して「ゴマすり」ではありません。「何の仕事をするのか」だけでなく「相手とどんな気持ちで仕事をするのか」も考えていくと、怒らせることも減りますし、相手からの評価も上がることでしょう。

■良い例：「頭」と「しっぽ」にも目を向けると…

無地さん（……ん、**部長今は忙しそうだな。もう少し待とう**）

忙しそうな部長を見て、しばらく待つことにした無地さん。

しばらくして、部長の手が空いたようです。

無地さん「**（今は大丈夫そうだな……）お疲れ様です、部長**（挨拶）。**今ちょっとよろしいでしょうか？**」

部長「ああ、少しなら大丈夫だ」

無地さん「**先日はA社の商談の件でご意見下さり、ありがとうございました**（前振り）」

部長「いや、別に気にするな。ところで今日は何の話だ？　A社の件か？」

無地さん「**はい。A社に出す企画書を作り直しました。よろしければ見ていただけませんか？**（本題）」

部長「ああ、分かった。……ここの予算を変えたのか？」

無地さん「ええ。やはりA案では予算が厳しかったので修正しました」
部長「そうか。だが、全体としては問題ない。しっかりやってくれ」
無地さん**「ありがとうございました。頑張ります！（お礼の言葉）」**

会話は「本題」が胴体とすれば、その前後に話す内容が「頭」と「しっぽ」に当たります。話す時の態度を変えて「頭」に「挨拶」「前振り」、「しっぽ」に「感謝の言葉」を入れただけでずいぶん相手に与える印象が変わったのではと思います。また、最初に「何の話をするか」を伝えたおかげで相手にも内容が理解しやすくなりました。

まとめ

いきなり「本題（胴体）」から入ってしまうと、相手に失礼な印象を与える。また、何の話なのかがきちんと分からないと、相手が混乱してしまうこともある。話をする際には会話の頭としっぽを意識して、「挨拶」「前振り」「本題」「お礼の言葉」という順番で行うこと、そして「何の話をするのか」をはっきりさせることを大切にする。

「無自覚型」の許される習慣3

物事に対して「二段構え作戦」を使う

何かを行おうと計画した時、プランが一つしかないと、それにこだわりすぎるあまりに周りの意見を聞き入れられなくなって失敗してしまうことがあります。他にも細かい部分が気になってしまうあまり、物事が進まないということもあります。そのような経験がある人は「二段構え作戦」を取るといいかもしれません。

ポイント

左のマンガのようにアイデアが一つしかないと、それにこだわってしまい相手側の意見を聞き入れる余裕がなくなってしまうこともあります。また、細部が気になりだすと仕事そのものが終わらなくなったり、「そもそもやっていたことがズレていた」ということにもつながってしまいます。

代案を用意していないと…
今回は予算の都合もあるしBプランでいくか
ヒソヒソ…
なぜですか!?絶対こっちのAプランの方がいいですよ!!
結局　無地さんが折れて予算案を作ることに…
A社とB社は材料の値段が違うな…気になるし調べなおすか…
ん?
いつになったら資料ができるんだ?
おい
仕事が終わらない…!!
もう少しでできますからっ!!
ああ
でできました…
イラフラ
材料予算案
ん…違う!!
欲しいのは材料じゃなくて機材の予算案だ!!
おい!

「今度の週末は新作映画を観に行こう」

恋人とのデートで、そんなプランを練ったとしましょう。

しかし、デートとは相手が喜んでこそ意味があるもの。

「その映画もう観ちゃったんだよね」「あまり映画は観たくないんだけどな」

などと、相手に断られる可能性は十分にあります。

その際に「映画館」のプランしか想定していないと、「何度観ても面白いから、行こうよ！」

などと無理を通そうとして、ひんしゅくを買ってしまうかもしれません。

そうしたことが思い当たるならば**「二段構え作戦」が有効**です。**「第一案を考えておくが、それがダメな場合の第二案、第三案も作っておく」**など、複数のプランを用意しておくということです。

たとえばデートに行こうとした際に、

「映画の新作を観に行こう。もし断られたら公園に誘おう」

など、別のプランを作っておけば、無理に最初の案にこだわる必要もなくなります。また

「映画館が満員」「電車が止まった」などの**不測の事態に備えて、第二、第三のプランを立てておけば、トラブルが起きても冷静に対応することできます**。

これは仕事でも同様です。「第二、第三プラン」を事前に立てておけば、最初の案にこだわりすぎるのを防いだり、不測の事態が起きても柔軟に対応することができるでしょう。

仕事をしていると、**「細かい部分が気になりすぎる」あまりに作業が進まなくなる**こともあります。

しかし、あなたは、

「足だけはとてもきれいに彫れているが、他が全く彫られていない仏像」

「多少できが荒くても、全身が彫られている仏像」

の2つがあったら、どちらにお金を出しますか？　**おそらくは後者ではないでしょうか。**

細かい部分が気になるのであれば、ここも「二段構え作戦」がいいかもしれません。

「順番に一か所ずつ仕事を片づけていく」のではなく、

「粗削りでもまずは全体を完成させる段階→細部を整えていく段階」

という形に仕事の仕方を変えるわけです。

こうすれば、期日までに仕事が終わらないということもなくなることでしょう。また、この方法を使って**「未完成の完成品」を上司に見せれば「そもそも自分のやっていたことがズ**

していた場合」などでも早めに軌道修正をすることができます。

■良い例：「二段構え作戦」を使うと…

無地さん「私のプランは……というものです」
部長「確かに悪くはないが……ちょっと採用は難しいかな」
無地さん「**(ダメか……それなら第二案だ)** 分かりました。ただ、そのプランについて、この部分だけは私の意見を採用してくださるとうれしいのですが……」
部長「ん？　ふむ……ま、良いだろ。ただし、お前は予算案を作ってくれ」

その後、オフィスに戻り予算案の作成を行う無地さん。
無地さん（ん？　A社とB社の材料は値段が違うな。**まずは大枠が完成してからだ……**）
しばらくして、大まかな予算案が完成したため部長に見せることにしました。
無地さん「部長、イメージはこんな感じですか？」

部長　「ん？　すまんな、俺がほしいのは材料じゃなくて、機材の予算案だよ」
無地さん「え？　……すみません、すぐ直します」
それからさらに数十分後、部長に言われた部分をすべて訂正しました。
無地さん（よし、できた。**後は後回しにしていた部分を煮詰めるだけだ……**）
そう思いながら、残っていた仕事に手を付け始めました。

この例では、最初の案がダメだった場合のために「第二案」を用意していたこともあって、より歩み寄る形で話し合いができました。また、仕事についても「完成してから細部を直す」という「二段構え作戦」にしたおかげで、大きなミスを未然に防ぐことができました。

まとめ

自分の考えが100％受け入れてもらえるわけではないし、相手の望んでいることを100％理解しているとも限らない。だからこそ「二段構え作戦」なども使いながら「お互いの考えをすり合わせて、一番良い案を一緒に考える」ようにすることが必要になる。

「無自覚型」の許される習慣4

「できない」は肯定文に言い換える

「できない」「でも」などの否定文での話し方をすることは、相手に悪印象を与えてしまいます。そのため上手に「肯定文に言い換える」ことや、いったん「寝かす」ことが重要になります。

ここではどのようにして「肯定文」に変えることができるのかを解説しましょう。

ポイント

左のマンガのように否定文で話をしてしまうと、相手は自分自身が否定された気分になってしまって、不快な気持ちになってしまいます。また、「けど」「でも」などで会話を始めるのも同様に相手に対して不快感を与えてしまうことになりかねないので注意しましょう。

否定文ばかり使っていると…
商談中
ところで君はスポーツはやるのかな？
いえ　別にやりません
ハハハ
私は野球が好きでね　最近もよくやっているんだ
でも　野球はあまり消費カロリーが多くないんですよね
おいおい　そこは話を合わせろよ!!
まあな…
じゃあ　話を戻すけど　この見積もり２割引きにできないか？
１割引きまでじゃないとできませんね
いや～
君たちの見積もりは高すぎるんだよなあ
え!?　今日は契約してもらうつもりなのに!!
うーん
でもそれじゃこっちの儲けがでませんよ!!
ハァ～～
じゃあこの契約は難しいな
偉そうな態度だな…

無意識に人を怒らせてしまうことの一つに、「できない」「無理です」などの否定語を意図せず連発してしまう場合があります。しかし、このような「できない」「無理です」といった言葉をはじめとする否定文は、**実は「肯定文」に変える**ことができます。

ここで一つ例を出してみます。

あなたが部活動で試合に出たとします。試合が終わった後にコーチから、こう言われたらどう思いますか？

「なんだ今日のプレイは？　特に後半がひどかったぞ？　シュートのフォームが崩れていたし周りも全然を見ていなかったじゃないか。試合前に言ったことも守れないのか？」

……おそらく、やる気をなくしてしまうと思います。

一方でこれならどうでしょうか。

「よく頑張った。前半のシュートフォームは良かったから、後半も維持できるようにするんだ。あと、ボールを持っている相手以外にも目を向けられたら、もっと上手くなると思うぞ」

内容は同じでも、こういう言われ方だったら次も頑張ろう！　という気になると思います。

このように**「ダメ」「できない」を「肯定文」に変えるだけで、印象は大きく変わる**のです。

また、これと同様に**会話に「でも」「だけど」という逆接の接続詞**を入れるのも良い印象を与えません。他人に否定されるのは良い気分ではありませんし、そもそも**人間には自分と似た部分を持つ相手に好意を持つという性質があるからです**（**「類似性の法則」**といいます）。

たとえばワイン好きの知り合いに『普段、ワインを飲むか』と聞かれた際に、

「たまに飲むけど、ワインって美味しくないから嫌いです」

という言い方をしてしまえば、相手としても良い気分にはなりません。

「最近ワインに興味あるんですよ！　辛口のワインでおすすめってどんなのですか？」

などと答えた方が相手に良い印象を与えられるでしょう。

また、**予想外の事態に直面し、慌てて場当たり的な言い方をしてしまい、相手に悪い印象を与える**こともあります。61ページのマンガでも突然契約に難色を示されたことに動揺してしまい、少々きつい言い方で回答をしてしまっているのが分かると思います。そのような場合には**無理にその場で答えずに、いったん回答を保留**するのも一つの方法でしょう。

最後に、会話の中でついつい否定文が多くなってしまう方は**「フォールス・コンセンサス効果」**についても知っておくと良いと思います。

これは簡単に言うと**「自分の行動や考え方は、自分以外の人も共通に持っているだろう」**

と思うことを指します。アニメを好きな人が、そうでない人よりも「アニメ好き」が世間には多いと思ってしまうことなどが、これに当たります。

しかし、価値観や考え方は人によって違うもの。アニメをまったく観ない人もたくさんいます。「自分の考えはこうだが、相手はそうは考えない」と柔軟に考えることも重要なのです。

■良い例：肯定文を使って話をしてみると…

得意先「……ふむ、なるほど。ところで君はスポーツはやるのかな？」

無地さん「最近は家でのんびりすることが多いですが、昔はサッカーをやってました」

得意先「ほう！　私の息子もサッカーが好きでね。よくやっているんだ」

無地さん「息子さんも！　じゃあ、ポジションはどこだったんですか？」

それからしばらく、無地さんと得意先の話が弾みました。

得意先「ははは。じゃあ商談の話に戻るが、２割引きじゃ厳しいか？」

無地さん「**うーん……。１割引きまでなら大丈夫なのですが、それではいかがですか？**」

得意先「難しいな……。君たちの予算案は高すぎるんだよなぁ……」

無地さん**「え？　そ、そうですか。では、一度持ち帰って検討させていただいてよろしいですか？」**

得意先「そうか。すまないけど頼むよ」

会話に否定文を使わなかったことで、相手の話を断ち切らずに上手くやり取りができています。「けど」「でも」も使わず、「できません」ではなく「こうすればできる」という前向きな表現にしたことで、相手に伝わる印象も変わりました。加えて予定外の質問に動揺した際も、いったん回答を保留することで、場当たり的な回答を避けることができました。

まとめ

否定される言い方をされるのは誰しも良い気持ちはしないものです。「できない」「無理です」と直接口にするのではなく、上手く肯定文に変えたり、会話の中で「でも」と言う数を減らせば、より相手にも良い印象を与えられるでしょう。

「無自覚型」の許される習慣5

予想外の時は『情動焦点型コーピング』

普段は慎重にスローボールを投げている人でも、予定外のアクシデントが起きると動揺してしまい、言葉の剛速球を投げてしまう場合があります。

ミスやトラブルが発生した時には一度気持ちを落ち着けた後に、話すべき内容を紙にまとめるなどして対処しましょう。

ポイント

誰かがミスをしたとしても、相手の事情を考慮せず、ストレートにこちらの気持ちだけを伝えると、悪い印象を与えてしまいかねません。左のマンガのように、特に「別のことで頭がいっぱいの時」や「物事が予定通りに行かない時」などにはこういう物言いをしがちなので注意が必要です。

急なトラブルに慌てて…

なんだ　こりゃ
故障か!?
あの会社の
商品は
早めに
仕上げ
ないとマズイ
ですよね…
あちゃ〜
数日後
納期が
1週間
遅れること
伝えないとな
ダメだ…
遅れる!?
これじゃ
計画が
めちゃくちゃ
だよ!!
早くやって
もらわなきゃ!!
えぇ!?
納期が
遅れるって
どういう
ことですか!?
申し訳
ありません
機械が
故障して…
遅れたら
こまるのは
こっちなん
です!!
絶対に
期日に仕上げて
ください!!
…はい
わかりました

人間は自分にとって大事な課題ほど、成功は「自分の能力や努力のおかげ」と考え、失敗は「自分以外の何かが原因」などと考えてしまいがちです（これを心理学では**「セルフ・サービング・バイアス」**といいます）。

そのため、失敗した時には、

「得意先が悪い」

「そもそも企画に無理があった」

「その企画にＯＫを出した上司に問題がある」

などと考えてしまうこともあると思います。

しかし、物事に失敗した時に相手の非を強く指摘しすぎると、相手に不快感を与えてしまいます。

「そんなことはない、自分は普通に接しているはず」

そう思う方もいるかもしれませんが、自分の目線と他人の目線は違うもの。

「いつになったら○○が終わるんですか？」

「早くやっていただけますか？」

こういった言葉でも**言われた側は責められているように感じる**ことは覚えておいて損はな

いでしょう。

67ページのマンガでは、外注先は機械の故障というトラブルに見舞われながらも、なんとか納期に間に合わせようと努力をしていました。しかし、無地さんはそのことを考慮せず、厳しい言葉で催促したため、外注先を嫌な気分にしてしまいました。

円滑な人間関係を築くには、時に我慢をすることも重要なのです。

……こう書くと「それくらいのことなら普段から気を付けているよ」という人もいるかもしれません。

しかし、そうした人でも注意しなければならないのが、**「予定外のアクシデントが起きた時」**や**「一つのことに頭がとらわれている時」**です。そうした時には、人間は**普段できていることができなくなり得る**からです。

人間は「予測できないこと」が起きると動揺するものですし、一つのことで頭がいっぱいだと他のことに考えを巡らせることが難しくなります。

それに加えて、**予想外のアクシデントが起きた時に感じる「動揺の振れ幅」の大きさは、人によって違います**。

得意先の納期が遅れる、同僚が急病で仕事が分からない、仕事の催促を受けている、家庭の都合があるため残業ができない……このようなアクシデントが起きたとします。

この時に、普段は「他人とうまく付き合おう」と思っている方でも、

「このままじゃまずい！」

「早くなんとかしなくちゃ！」

と焦り、**動揺の振れ幅が大きくなり「怒らせる話し方」をしてしまう**可能性があります。

今回のマンガでも、無地さんは、

「計画通りに仕事を進めること」

で頭がいっぱいになっていたために、取引先に対してつい厳しい物言いをしてしまっていました。

そのような時は、会社を出ていったん外の空気を吸ったり、好きな飲み物を一杯飲むなどして、気持ちを落ち着けることが重要です（このような行動を、心理学の用語で**『情動焦点型コーピング』**といいます）。そして**「よし、落ち着いたな」と思った段階で用件を箇条書きにするなどの工夫をした**うえで、電話を掛けるなり、相手に声をかけるなりするといいで

しょう。

声のかけ方としては、

「会話の中に『いかがでしょうか？』など、ふんわりしたニュアンスの言葉を入れること」

「相手を気遣う言い方をすること」

などを心がけるようにするといいでしょう。先ほどのマンガの場合も、

「この間お話した件ですが、その後いかがでしょうか？」

「何かお困りのことはありませんか？」

という言い方に変えていれば、相手に悪い印象を与えることはなかったはずです。その際、会話の最後に「ありがとうございました」を入れるとコミュニケーションが円滑に進むことでしょう。

他人の行動でいら立ってしまうことは確かにあります。しかし、相手はわざとこちらを怒らせようとしてミスをしたわけではありません。もしかしたら、相手側にも何らかの事情があった可能性もあります。良好な人間関係を築くには、そうしたことも考慮に入れて他人と接することが重要なのです。

■良い例：アクシデントが起きた時にスローボールを投げると…

外注先から納期が遅れるという知らせを受け取った無地さん。

無地さん（ん？　納期が遅れるって？　……くそ！　このままじゃ計画が崩れる！

……っと、こういう時は、お気に入りのジュースでも飲んで、と……）

それからしばらくして、気持ちが落ち着いた後、話すべきことを箇条書きでまとめてから電話をかけることにしました。

無地さん「**機械が故障したということですが、どのような状況でしょうか？**」

外注先「はい、実は……」

無地さん「それは大変でしたね。では、最悪でも7日後には納入できるという認識で大丈夫でしょうか？」

外注先「大丈夫です、なんとかします！」

無地さん「ありがとうございます」

予定外のアクシデントが起きた時にも、慌てる気持ちのままで質問するのではなく、一度、気持ちを落ち着ける機会を設けるようにしました。

また、話すべきことをまとめてから電話をしているので、質問もスムーズで、相手が答えやすいかたちで訊くことができています。電話の最後に相手を気遣う「お礼の言葉」も添えているので、相手との関係もよりよくなっています。

まとめ

予定外のアクシデントなどで動揺していると、普段話し方に気を付けている人でも、相手を責めるような物言いになってしまうことがある。そのため一度落ち着いた後「いかがでしょうか？」など、やんわりした言い方の質問をしたり、「大丈夫ですか？」など相手を気遣うことを心がけると、相手との関係もよりよくなる。

「無自覚型」の許される習慣6

トラブルには「内的帰属型」の話し方で

誰しも、仕事で失敗は起こしたくないもの。

そのためトラブルが起きた場合は「自分は悪くない」と考えてしまいがちです。

しかし、そのような時にも「自分に責任がある」ということをきちんと伝えるようにすると、相手を怒らせることは減るでしょう。

ポイント

ミスやアクシデントが起きた際には、左のマンガのように、つい自分以外の他者や周囲の状況などが悪いとする「外的帰属型」の話し方をしてしまいがちなものです。しかし、このような話し方をしていると周りに悪い印象を与えてしまうことになります。

トラブルを他人のせいにすると…

68ページで触れたように、**人間は自分の成功は自分のものであり、失敗は自分以外に原因があると思ってしまうものです**。

さて、前ページのマンガでも**問題の原因を他者や周りの状況などに求めていること**が分かると思いますが、これは**「帰属理論（簡単にいえば、人が出来事などの原因を推論する過程や、それを通して自他の特性などを推論する過程に関する理論）」では「外的帰属型」に分類**されます。すなわち、自分以外の誰かが原因であるという形で表現しているわけですが、このやり方で弁解したせいでかえって上司を怒らせてしまいました。

一方、**問題の原因を自分に求めるのは「内的帰属型」**になります。

たとえば外注先との伝達ミスで、希望と異なるものを納入してきたとします。その際に、

「向こうがちゃんとこちらの指示を分かっていなかったのが原因です！」

というのが外的帰属型、

「分かりにくい指示をしてしまった私の責任です。申し訳ありませんでした」

というのが内的帰属型にあたります。

一見すると、この「内的帰属型」の話し方は「自分は仕事ができない人だ」と自己表現しているようにも見えるかもしれません。しかし、こうした言い方の方が上司はむしろ好印象

を持つのが分かると思います。**人間はミスや失敗に対しては「外的帰属型」よりも「内的帰属型」の話し方でされたほうが、相手に良い印象を持ちやすい**のです。

……さて、このようなことは頭では分かると思いますが実際にやるのは難しいもの。

そこで、少し視点を変えてみましょう。

先ほどのマンガで、部長が無地さんと一緒に得意先に謝りに行った後、どちらの言い方をしてくれた方が、あなたは嬉しいでしょうか。

①**「今回のミスは全部お前が原因だからな。責任もって、しっかりフォローしろよ」**

②**「私もきちんと確認するべきだったな。これから、頑張ってフォローしよう」**

……当然、内的帰属型の話し方をしている②ですよね。

ちなみに、ここで忘れてはいけないのは、**上司がこのようにフォローをしてくれた際には、言っていることを『真に受けない』ということです**。

これはあくまで社交辞令であり、実際にはここでミスしたのは無地さんです。そのことをはき違えて「やっぱり悪いのは部長だよね」「じゃあ、お互い様ってことで水に流しましょう」などと考えてしまうと、ますます怒らせてしまうので注意しましょう。

あなたが仮にちょっとしたミスをしたとしても、**それであなた自身の価値がゼロになるというわけではありません**。「これは自分の失敗じゃない（から自分の価値は下がらない）」と考えて責任を周囲に押し付けるのではなく、「これは自分の失敗だけど、自分自身を全否定されるわけじゃない」と思って、取るべき責任はしっかり取ることが重要なのです。

■良い例：「内的帰属型」の話し方をすると…

外注先　「申し訳ありません、こちらの機械が故障してしまったので、納期を1週間待っていただけませんか？」

無地さん「1週間ですか？　……分かりました（一応部長に報告しておくか）」

その後、納期直前に外注先から納期に間に合わないことを聞かされました。

無地さん「……ということで、納入を少し待ってほしいとのことですが……」
部長「やはり、そうか……なら、どうして代替案を考えなかったんだ?」
無地さん「**申し訳ありません！　私の認識が甘かったためです！**」
部長「まあいい、一応私に考えもある。すぐに得意先に謝りに行くぞ！」

先ほどの例とは逆に、こちらでは自分に非があったとする「内的帰属型」の話し方をしています。このような話し方は勇気がいりますし、自分の非を認めることでプライドが傷つくような気にもなるかもしれませんが、むしろ相手に良い印象を与えることにつながります。

まとめ

何かミスやアクシデントが起きた時に、自分以外の誰かや周りの状況のせいにする「外的帰属型」よりも自分が原因であるとする「内的帰属型」の方が、相手に対して良い印象を与えやすい。また、上司が「内的帰属型」の話し方で謝ってくれた際には、それを真に受けないことも重要である。

「無自覚型」の許される習慣7

「I《アイ》メッセージ」で伝える

たとえば相手に苦言を呈する時、主語を「あなたは」にして発言してしまうと、相手に悪い印象を与えてしまうことがあります。

そんな時は「Iメッセージ」、すなわち主語を「私は」にして話を始めたり、物事を主語にして発言すると伝わりやすい表現になるでしょう。

ポイント

左のマンガのように、主語を「あなたは」にすると、相手に悪い印象を与えてしまうことになります。

また、実際に「あなた」が入っていなくても「どうして〜ですか？」や「いつ〜してくれますか？」という表現には、主語に「あなた」が実質的に含まれているため同様にあまりいい印象を与えません。

相手を主語で話をすると…

他人が失敗した時などに、

「あなたは○○だ」

という言い方をしてしまうことはあるものです。

たとえば書類に不備があったなら、

「本当に君はミスが多いな」

と責めてしまうことは誰にもあることでしょう。また、実際に主語に「あなたは」がなかったとしても、

「どうして昨日練習を休んだの？」

という言い方であれば、主語に「あなた」が含まれているのと、同じです。

このように**「あなたは〜」という言い方をしてしまうと、相手は「責められている」と感じ、嫌な気分になってしまう**ことでしょう。それを防ぐには**「Iメッセージ」**、すなわち**主語を「私」に変える**ことが重要です。

たとえば部下や同僚が仕事で失敗した時にも、前述のような言い方より、

「次からは、ミスが減ってくれたら助かるな」

という言い方の方が受け入れられやすいでしょう。

また、これに加えて**「ほめてから苦言を呈して、ほめて終わる」**という形式にすると、相手はより受け入れやすくなります。

先ほどの書類に不備があった例でも、

「○○さんは仕事が早くて正確だよね。ただ、次からはミスが減ってくれたら助かるな。せっかく君は周りからの評判もいいんだから」

と言った方が相手との関係がよくなりますし「ミスを減らすために何とかしよう」という気持ちにさせることができるはずです。

……とはいえ、

「そんなこと言ってもさあ。何でもかんでも主語を『私』にするなんてできないよ……」

「頭では分かってるけど、指導やクレームで『Ｉメッセージ』ばかり使えないよ……」

というのが本音でしょう。

このような場合には、**主語を「物事」にする方法もあります**。

「いつになったら、前に依頼した資料を作ってくれるのですか？」よりも、

「前に依頼した資料は、いつくらいに完成するか、教えていただけますか？」

の方が相手に伝わりやすいですし、

「どうして、この前の練習に来なかったんだ？」よりも、

「この前の練習に来なかったのは、どうしてか教えてくれる？」

の方が伝わりやすくなります。

「Ｉメッセージ」は苦言を呈する時だけでなく、日常の様々な場面でも応用できます。日ごろのちょっとした場面でも「Ｉメッセージ」で伝えたり「物事」を主語にしたりすることを心がけると、相手にも良い印象を与えることにつながるので、上手に使っていきましょう。

■良い例：主語を「私」や「物事」などにすると…

無地さん「(よし、プロジェクトも大詰めだな……。後は○○さんから資料を貰えばＯＫだ)。
すみません、○○さん。**この間お願いした資料の進捗は、いかがですか？**」
事務員「ごめんなさい、まだなんです……」
無地さん「お忙しいんですね。**資料はいつごろできそうですか？**」

事務員　「たぶん来週まではできると思います」
無地さん　**「〇〇さんは仕事が正確ですから助かります。ただ今回は、ちょっと急いでくれると嬉しいのですが……」**
事務員　「分かりました。それなら早めに仕上げます！」
無地さん　「いつも無理を聞いてくれてありがとうございます」

このように、「〇〇してくださると助かります」など、主語に「私は」を含ませると相手に対して与える印象も変わります。また、主語を「私」にしにくい場合でも「資料の進捗」など「物事」を主語にするようにすると、より相手にも良い印象を与えられることでしょう。

まとめ

主語を「あなた」にすると、相手は「攻撃されている」と感じてしまい、悪印象を受けてしまう。主語は「私」にする「Ｉメッセージ」を用いたり「物事」の方を主語にしたりすると、相手に伝わる印象も変わる。

【第3章】

こっちの気持ちが伝わらない！

「すれ違い型」の許される習慣

・本当は相手と上手くコミュニケーションを取りたいけれども、なぜか上手くいかない
・こちらの意図や気持ちが相手に上手く伝わらない、あるいは伝えられない
・周りから、誤解されやすい

などのように、相手と気持ちがすれ違うことでトラブルが生じてしまうのが、「すれ違い型」の典型的なパターン。この章ではそうした方々が怒りを回避して、許される方法についてて解説いたします。

今回の主人公：
素礼《すれい》 近子《ちかこ》さん
（20歳・フリーター）

「すれ違い型」の許される習慣1

オープン型・クローズ型の質問を使い分ける

仮に物事を正確に教えたとしても、相手が100％理解できているかどうかは分かりません。また、仮に質問をしても、そのやり方が悪ければ相手が理解しているのかを知ることは難しいでしょう。

そのことを理解して上手に質問をすることが重要です。

ポイント

ただ漫然と質問をしても、あいまいな返答しか返ってこないこともあります。左のマンガのように、相手が「はい、一応……」と答えていても、正しく理解しているとは限りません。そのため、質問の仕方を変えることで相手の話を上手に引き出すことが重要になります。

後輩に任せたつもりが…
明日 貸し切りパーティーなんだけど準備したことある？
あ はい 一応…
それなら大丈夫ね!! 明日の準備お願いするわ
わ わかりました… やってみます
翌日
どう？準備の調子は
お疲れ～
え？ あ はい 一応できてます
ところが数時間後…
VTRまだ!?
子供用のメニューがないよ!!
ケーキが来ないんだけど…
いつまで待たせるのよ!?
申し訳ありません!!
あの子 全然ダメじゃない…
おい あいつ「先輩が教えてくれなくて困ってた」って言ってたぞ？
すみません
くそっ!?… あいつめ…

質問には「オープン型」と「クローズ型」というものがあります。

これは簡単に言うと**「オープン型」は、イエスやノーで答えられない質問。「クローズ型」は「イエスやノーで答えられる質問」**になります。

たとえば、あなたが英語ができる人を雇いたいと思い、面接をしたとします。

「英語はできますか？」

「留学したことはありますか？」

と面接でする質問は「クローズ型質問」になります。

「留学ではどこに行きましたか？」

「ＴＯＥＩＣは何点くらいですか？」

などの質問は、イエスやノーでは答えられませんが『答えが決まった質問』なので「セミクローズ型質問」と言えます。

「クローズ型質問」の良いところは相手が答えやすいという点です。そのため緊張が強い相手に対してはいきなりオープン型の質問を振るよりはクローズ型の質問を行ってからにする方が良いでしょう。

ただし「クローズ型質問」には欠点があります。仮に「はい、留学していました」という答えが返ってきても、その人が本当に英語ができるかは分かりません。

このように**相手の話を深く引き出すことが難しい**のが欠点です。

また、「クローズ型質問」は答えやすい反面、**あまり続けていると「尋問」されているような気分になり不快感を与えてしまう可能性がある**ことも注意が必要です。

一方「オープン型質問」の例としては、

「英語はどれくらいできますか？」

「留学ではどんなことを勉強しましたか？」

「英語をビジネスで、どのように使っていましたか？」

と尋ねるのがその例になります。

「オープン型質問」は、**相手の話を深く引き出すのに向いている点がメリット**になります。

反面、**どんな質問でも「オープン型質問」にできるとは限りません**し、**緊張している相手に「オープン型質問」をしても、あまりうまくいかない可能性がある**という点はデメリットになります。

このように「オープン型質問」と「クローズ型質問」には一長一短があります。どちらも上手に使いこなすことが「すれ違いによるミス」を防ぐことにはつながるはずです。

■良い例：質問の仕方を工夫した場合……

素礼さん　「貸し切りパーティの準備を頼みたいんだけど、**どんな風にやるって教わった？**」
後輩　「えっと……。最初に人数についてキッチンにお願いして、それで……」
素礼さん　「大体合ってるわ。明日は子どもが5人いるけど、お子様メニューの準備は？」
後輩　「……お子様メニュー？　何ですか、それ？」
素礼さん　「それはね……」
そう言いながら説明をする素礼さん。

そして、次の日の夜。
素礼さん　「(この子、緊張してるわね……)もうすぐ開店ね。**お子様メニューは大丈夫？**」
後輩　「は、はい……」
素礼さん　「**ケーキを出すのは何時から？**」
後輩　「開始から1時間半って聞きました！」

素礼さん　**「さすがね。じゃあ、ＶＴＲの準備は？」**
後輩　「……え？　……忘れてました！　すぐやります！」
素礼さん　**「これで準備万端ね！　他に分からないことは何かある？」**
後輩　「えっと……そう言えばパーティが終わった後のことなんですが……」

こちらでは、イエス、ノーで答えられる「クローズ型質問」と、イエスやノーで答えられない「オープン型質問」を使いこなすことで、上手く後輩に仕事をしてもらえています。このように、質問の仕方を少し変えることで「考えのすれ違い」を防ぐことができます。

まとめ

「クローズ型質問」は、答えやすい点がメリットだが、相手の話を深く引き出すことは難しく、繰り返すと尋問されているように思わせるなどのデメリットがある。「オープン型質問」は、話を深く引き出しやすい反面、緊張している相手には使いにくいこともある。それぞれを上手く使うことが、相手とのすれ違いを減らすことにつながる。

「すれ違い型」の許される習慣2

結論から伝えて相手を「聞き上手」にする

はっきり言って「自分の気持ちを分かってくれない」と感じてしまう人はいます。

しかし、その人は「あなたの気持ちを分かろうとしていない」のではなく「あなたの気持ちをどう理解していいか分からない」のではないでしょうか？　コミュニケーションにひと工夫を加えれば、きっとそういう人ともお互い理解しあえるようになるはずです。

ポイント

左のマンガでは、素礼さんは「彼氏のことで溜まったうっぷんを聞いてほしい」だけなのに、同僚は何とか「アドバイスをしてあげよう」と思っているようです。これだと素礼さんの気持ちが楽になりませんし、同僚も「煮え切らない態度にイライラしてしまう」ことになってしまいます。

話を聞いてほしいだけなのに…

いかがでしょうか？

前ページのマンガでは、素礼さんは、

「恋人との関係が上手くいっていないことでイライラしており、その気持ちを誰かに知ってほしい」

という気持ちで話を切り出していました。

すなわち、その気持ちを「共感してほしい」と思っていたといえます。

しかし、同僚はそうは思わず、

「素礼さんは、恋人と上手くいくアドバイスを求めている」

と感じて、解決のためにアイデアを出していました。

その結果、素礼さんは、

（アドバイスじゃなくて、私の気持ちを分かってほしいだけなのに……）

と不満を募らせてしまいました。

また、話を聞いている同僚も、

（こんなに色々と考えているのに！　こっちの話をちゃんと聞いているの？）

とイライラしてしまいました。

こういう「すれ違い」は意外とよく起きるものです。読者のみなさんも心当たりがあるのではないでしょうか。

気持ちというものは、黙っているだけではなかなか伝わりません。

相手に分かってほしいならば、言葉や態度などで、相手に伝わるように表現する必要があります。

ここでのすれ違いの場合も同じです。

素礼さんが話を始める前に、

「ちょっと吐き出したいから聞いてくれない？」

と言って、**「共感してほしい」という気持ちを伝えていたらどうだったでしょうか**。

そうすれば同僚もきっと、

「構ってくれないのは辛いよね」

「その気持ちは分かるな」

など「共感モード」で話を聞いてくれたことでしょう。

また、それとは別にもし本当にアドバイスがほしかったのであれば、

「最近彼氏とすれ違っててさ。**どうすれば前みたいに楽しく過ごせるか、相談に乗ってくれない？**」

と言えば、相手も「助言モード」で話を聞いてくれたのではないかと思います。

このように**「結論」を最初に出すと、自分の気持ちが相手に伝わりやすくなり、気持ちのすれ違いも減らすことができます**。


これはビジネスの場でも同様です。

たとえば上司に、

「昨日A社から電話がありました。〇〇さんっていう方なんですけど、『課長さんいますか？』と言われたのでいないと言ったら明後日電話するって言ったんですけど、どうも今度の水曜日に別の仕事が入ってしまったようで……」

といった具合に話をすれば、「結局用件はなんなの？」とイライラさせてしまうかもしれません。

それよりも、

「打ち合わせの日程変更について、昨日Ａ社の○○さんから連絡がありました。なんでも水曜日に別の案件が入ってしまったようで……」

といった話し方をする方が相手をイライラさせることもなく、分かりやすい伝わり方になるでしょう。

一生懸命に話をしているのに、

「結局何が言いたいのか分からない」

などと言われると、イライラしてしまうこともあるでしょう。

しかし、相手は「あなたの気持ちを分かろうとしていない」のではなく、「あなたの気持ちを『どう理解すればよいか』が分からないだけ」なのかもしれません。

相手が「聞き下手」と思うなら、こちらが相手を「聞き上手」にするような話し方をすればいいのです。

相手に何かを頼む時は、「自分がどんなことを相手に要求しているのか」がはっきり伝わるように、最初に結論を話す方法を試してみれば、すれ違いを防げるかもしれません。

■良い例：最初に結論を話した場合…

素礼さん「はあ……」
同僚「どうしたのよ」
素礼さん**「最近彼氏とすれ違ってて、イライラしてるの。ちょっと吐き出したいから聞いてくれない？」**
同僚「ハハハ、そんなにイライラさせる相手なの？　いいよ。聞いてあげる」
素礼さん「ありがと。最近、あいつったらいっつも仕事仕事で、連絡くれないのよ」
同僚「ああ。構ってくれないのは辛いよね」
素礼さん「連絡をひとつくらいくれてもいいのに！　それにこの間もデートすっぽかされたし！」
同僚「それって、先週のこと？　あんた、あの日休みとるために頑張ってたもんね」
素礼さん「そう！　せっかくの休みなのに一日家にいたのよ！　最悪だったのよ！」
同僚「……そっか。けど、そんなに思ってもらえているあんたの彼氏は幸せだよね」

素礼さん「そう、かな……。ありがと、話聞いてくれて。楽になったわ」
同僚「ハハハ。そりゃどういたしまして」

ここでは、最初に「イライラしている気持ちを吐き出させてほしい」とはっきり伝えたことで、相手も「アドバイスモード」ではなく「話に共感するモード」で話を聞いてくれるようになっています。このように「先に結論を伝えること」は相手にこちらの考えを伝えやすくなります。

まとめ

結論を最初に伝えると相手にはこちらの「伝えたいこと」が伝わりやすくなる。「結局何が言いたいのかよく分からない」と言われたり、逆に「自分の気持ちを分かってもらえない」と思うのであれば、結論を先に話す方法も有効である。

「すれ違い型」の許される習慣3

「未来志向」の考え方で接する

問題が起きた時に「過去」にばかり目を向けてしまうと、相手に嫌な印象を与えてしまうことにもなります。

それよりも「未来」に目を向けて「これからどうすれば良いのか」について考えるようにすることが他者とのコミュニケーションでは重要です。

ポイント

「どうして〜」や「なんで〜」など「過去」に焦点を当てるやり方だと、どうしても相手は「責められている気持ち」になってしまいます。左のマンガのように、最初は相手が自分が悪いと思っていても、次第に腹を立ててしまうことも。そんな時にはどう接すればいいのでしょうか。

過去にいつまでもこだわると…

トラブルが起きてしまうと、「なんで?」「どうして?」と、聞いてしまいたくなります。

たしかに、問題の原因を調べることは重要です。

しかしその際に注意しなければいけないことが、

「原因を調べることは『再発防止』のためであって、『相手の非難』が目的ではない」


ということです。

前ページのマンガでは、遅刻した恋人に対して素礼さんは「なんで遅刻したの!」と強い口調で詰め寄っています。そのため、恋人は委縮してしまい、そこから素礼さんがひたすら今までの分も合わせて怒りをぶつける展開になってしまいました。

では、もしそこで
「どうして遅刻したか教えてくれる?」

と、やんわりとした言い方で尋ね、その後、

「どうすればこれからは、遅刻しないかな?」

と「未来」に目を向けた話し方をしたら、どうだったでしょうか。彼は素直に遅刻した理由を話したでしょうし、その後も話をしやすい雰囲気になったはずです。

過ぎたことについていつまでも言及していても次にはつながりません。**「過去」ばかりではなく「未来」に目を向けることが重要なのです。**

先ほどの例では「過去に起きてしまったこと（遅刻したことやデートの時間を変えなかったこと）にばかり焦点を当てた話し方をしているため、**相手側はますます「自分が責められている」という気持ちになってしまいました。**

そこで「どうしたら良いかな？」と未来に焦点を当てた「未来志向」の考えで相手に接すれば、「一緒にこれからのことを考える」ことがしやすくなり、**相手ともより建設的に、話し合いができるようになることでしょう。**

どうしても、腹が立つと過去に目を向けて話したり相手を責めたりしがちです。

しかし、あなたもテストで勉強をしなかったせいで悪い点を取ったとしたら、「なんで勉強しなかった？」と親に怒られるよりも、「どうすれば次のテストではもっと勉強できるかな？」と訊ねられた方が気持ちも良いでしょうし「次につながる考え方」もできるはずです。

相手がミスをしたとしても**「相手を追い詰めることが目的」なのではなく「相手と一緒に**

より良い方向になるようにしていこう」と考えることが「すれ違い」を防ぐうえでは重要になるでしょう。

■良い例：「未来志向」の考えで接すると…

彼氏　「ゴメン、遅くなって！」
素礼さん「(遅い！　……いや、まず深呼吸して落ち着いてと……)遅かったね。心配したんだよ？」
彼氏　「ああ、その……ゴメン！」
素礼さん「けど、事故じゃなかったなら安心したかな。今日遅くなったのはどうしてか、教えてくれる？」
彼氏　「最近仕事忙しくて……昨日も残業で、寝たのが3時だったんだ……」
素礼さん「そっか。疲れちゃってるんだね。けど、時間には来てほしいな」
彼氏　「……うん」

素礼さん　**「どうすればこれからは、遅刻しないかな？」**
彼氏　「うーん……。来月まで繁忙期だから待ち合わせ時間、1時間遅らせていい？」
素礼さん　「うん。それで遅刻しないならいいよ」
彼氏　「ありがとう。この埋め合わせはきっとするよ」

こちらの例では、相手の気持ちや立場も受け入れつつ「今後どうすればいいのか」という「未来」に目を向けることによって、より建設的な会話につなげることができました。このようにミスが起きた時には、相手を責めることを目的にするのではなく「自分も相手も納得する形で再発を防止すること」がビジネスのうえでも重要になることでしょう。

まとめ

「どうしてこんなことになったの？」と過去にばかり焦点を合わせていると、相手は攻撃されている気持ちになってしまう。それより「どうしたら良いと思う？」や「これからどうしようか？」など未来に焦点を当てることで、より建設的な話し合いにつながる。

「すれ違い型」の許される習慣4

気持ちは「言葉」や「態度」で伝える

「微妙な感情の機微」は難しいものです。

そのため、時にはこちらがどういう感情を抱いているのかを、はっきりと、かつ上手に伝えることが重要になります。

この節では具体的にどうすればいいのかを解説しましょう。

ポイント

相手が「察するのが苦手」な場合は特にそうですが、はっきりと気持ちや感情が言葉や態度に表れていないと、相手に「楽しんでいる」「悲しんでいる」という気持ちが伝わらないことがあります。そのせいで気持ちが伝わらなければ相手にもいい印象を与えられなくなります。

自分の気持ちを表現しないと…

心の機微を察するのは難しいもの。

前ページのマンガでも、恋人は素礼さんの「食事に集中したい」「別の魚を見たい」という気持ちに気づけず、フォローしようとして逆効果に陥っています。

このように、「言わなくても分かってほしい」と思っても、相手はなかなか思った通りに行動してくれないものです。

加えて、**人はどんなに言葉を重ねても、表情や話し方がしっかりしていないと、気持ちはなかなか上手に伝わりにくいもの**。

「ずっと前からあなたのことが好きでした。あなたのことを思うと夜も眠れません」

という熱い愛の言葉でも、無表情で一本調子で言われたら、どう思うでしょうか？

……おそらく、ほとんどの人は胸がときめかないのではないかと思います。

素礼さんも（恋人の行動にイライラしていたのもありますが）**一度も気持ちを言葉や態度で表していないため「つまらないのかな」と誤解されてしまいました**。

このことからも分かるように、相手に気持ちを理解してもらうためには、**「感情や欲求を相手が分かるように示すこと」**が重要になります。

デートの時などでも、

「○○してくれて、すごく嬉しかった！」

「今日の映画、○○なところが面白かったよ。ありがとう！」

といった気持ちをはっきりと言葉に出せば相手にも「楽しんでもらえたんだな」という気持ちが伝わることでしょう（むろん、マイナスの気持ちまではっきり示しすぎると、それはそれでトラブルの元ですが……）。


ちなみに、このように自分に関する情報を言葉で相手に伝えることを**「自己開示」**といいますが、これは人付き合いを円滑にするうえで極めて重要です。

人間は相手が自己開示をすると自分も自己開示をしやすくなります（これを「自己開示の返報性」といいます）。たとえば初対面の人が趣味の話をしてきたとします。すると、こちらも趣味の話がしやすくなるため、相手との相互理解が深まり、心理的な距離も縮まります。

初対面の人との会話でも、

「○○さんは、ペットは飼っていますか？」という質問に対して、

「はい、飼っています」

だけで返答するよりも、

「はい！　私、昔から猫を飼っていて、それがすごいかわいいんですよ！」

というように、自己開示するほうが会話も盛り上がるでしょう。

ただし、**いきなり深すぎる自己開示をしては逆効果**になります。

たとえば、いきなり初対面の仕事相手に自分の不幸な生い立ちを話したとしても引かれてしまうことでしょう。自己開示は適度な深さを意識しながらしていくのが重要です。

同様に欲求を伝える際にも、

「○○してくれたら嬉しいな」

「さっきは○○してくれてありがとう」

と、嬉しい気持ちや感謝の気持ちを表情も併せて伝えれば、相手もそこまで嫌な気分にはならないはずです。これに加えて、

「申し訳ないんだけど……」

「悪いんだけど……」

などの「クッション言葉」を組み合わせて伝えればより良いでしょう。もっと言ってしまえば**「自分の主張は正しいと思うけど、相手の主張も間違っていないと思う」**というスタンスで話をすることを心がけていただければと思います。

ただ、ここで注意点が一つ。

人によっては「表情を作るのが苦手」という方もいるでしょう。

また、あなた自身が何かに集中しすぎるタイプであれば、

「何かに取り組んでいる間は、表情を変えることに神経を使えない」という場合もあるかもしれません。

しかし、**表情や話し方（これは第2章1節でも解説しましたが『非言語的コミュニケーション』といいます）もコミュニケーションではとても大事な要素。**

その場合には、普段から「笑顔を作る練習」をしてみたり、いったん手を止めて相手の話を「表情や態度も意識しながら」聞いたりするようにすると、いいかもしれません。

自分の気持ちを汲み取ってくれないからといって、その人は「薄情な人」とは限りません。そうではなく「言葉や態度で示さないと分からない、不器用なだけの人」なのかもしれないのです。

そういう方に対しては、あなたが相手にしてもらって嬉しかったことに対して、はっきりと「嬉しかったよ」「ありがとう」と伝えれば「こういうことをしてほしかったんだな」と理解してもらい、すれ違いを防ぐことになることでしょう。

■良い例：気持ちが「伝わる態度」を取ると…

彼氏　「どうかな、この料理は？」

素礼さんは、恋人が話し始めたので、いったん手を止めてから答えました。

素礼さん「……うん。すごく美味しいね！」

彼氏　「そういやさ、この間面白いことがあったんだけどね……」

素礼さん「うんうん。どんなことがあったの？」

彼氏　「ああ、実はね……」

素礼さん「**あはは！　それ、すごい話だね！**」

そうやって、楽しく会話を楽しんだ2人は水族館に行きました。

彼氏　「すごい綺麗な魚だね！　そう思わない？」

素礼さん「**ほんとだ。キレイ！　今度はあっちも見に行こうよ！**」

楽しくデートを過ごした帰り際。

素礼さん「**今日はすっごい楽しかった！**　また連絡してくれたら嬉しいな」

彼氏　「ああ……。今夜するよ。それじゃ気を付けてね」
そう言って２人は笑顔で別れました。
帰宅後、素礼さんはお礼のメールを打ちました。
素礼さん　「『**今日は美味しいご飯ありがとう！　すごく楽しかったよ！**』っと、送信……」
彼氏　（お、返信来たな。……よし、今日はデート大成功だったな。よかった！）

このように、気持ちを言葉や態度でしっかりと表現すると、相手に「楽しいのかな」「面白いのかな」という気持ちもはっきりと伝わるようになります。特に「察するのが苦手な人」であれば、はっきりと気持ちを伝えるようにすることが重要になるでしょう。

まとめ

「察してほしい」「口にしないけど分かってほしい」と思っていたら、気持ちがすれ違ってしまうことの原因になり得る。楽しい時や嬉しい時ははっきり表情に出し、場合によっては「してほしいこと」を相手が受け入れやすい言葉で表現することも重要になる。

「すれ違い型」の許される習慣5

自己主張は「退路」を確保して

相手にお願いしたいことがあったとしても、「嫌な気分にさせないで伝えるの、難しいな……」「変な言い方して関係が悪くなるなら、自分が我慢するほうがいいな……」と、自分の欲求を我慢してしまう場合もあると思います。そこで、この節では「自分の気持ちを相手に上手く言えずにすれ違ってしまうこと」を防ぐ方法を解説します。

ポイント

自分の気持ちを主張しないで我慢ばかりしていると、ストレスになってしまいます。また、そのようなストレスを積み重ねてしまうといつか爆発してしまうか、限界がきてしまうかもしれません。かといって「少しは休ませてよ！」と怒鳴り散らすのも考えものです。

我慢ばかりはやっぱりツライ…
ごめんね 仕事代わって もらっちゃって
しょうが ないよ 困ったときは お互い様 だし!!
数時間後
ドーン…
疲れた…
ブーン
週末の テニス、楽しみだね！
う!! そうだった… 辛いけど断れ ないよなぁ…
よーし、行くぞ!!
あ、うん…
大丈夫か？ なんか今日 つまんな そう だった けど…
そ… そんなこと ないよ～♪
フラ～
そっか じゃ 来週も 行こうな!!
う、うん…
本当は嫌なのに… こいつとは趣味 合わないのかも…

他者とのコミュニケーションの中では、

「こちらの欲求を感情的にぶつけてトラブルになる」

ということ以外にも

「自分の欲求を伝えられずに我慢してしまう」

ということがよくあります。

前ページのマンガでも、素礼さんは恋人に対して自分の欲求を伝えずに我慢したために、不満を溜め込んでしまいました。

しかし、このようなことを繰り返しているとこちらもイライラしてしまいますし、最後には我慢できなくなって爆発してしまう可能性もあります。

もしもこのまま我慢を続けて最後に、

「前からずっと我慢していたけど、◯◯って本当に自己中だよね！」とキレてしまったり、

「やっぱり自分はこの人とは合わないな。別れよう」

と、自己完結をしてしまうと、相手を怒らせてしまったり別れることになってしまったりと、お互いにとっても良い結果にはなりません。

かといって、**「○○してよ！」と強い言い方をしてしまえば、人間関係にひびが入るだけでなく、逆に相手はますます頑なになってしまいます**。

たとえば試験前にみなさんもテレビを観ていた時に、

「試験前でしょ！　少しは勉強しなさい！」

と怒られて、ますます勉強する気がなくなってしまったという経験はお持ちでしょう（これを心理学の用語では**「ブーメラン効果」**といいます）。

相手に気持ちを伝える際には、**一方的な「要求」ではなく「提案」を冷静かつ具体的にするのが重要です**。さらに提案をする際には**「事実」「感情」「提案」「提案を聞いてくれた時に、相手にどんなメリットがあるか」も意識して伝える**と、相手に話を聞いてもらいやすくなります。

たとえばあなたが主婦だとして、夫に家事をしてほしいと思ったとします。

その際に、

「いつも私ばかり料理してるんだから、週末くらいあなたがご飯作ってよ！」

と言うよりも、

「いつもご飯を私が作っているけど、ちょっと最近仕事も忙しいし、疲れてきたんだ。だから土曜の夜は、あなたがご飯作ってくれない？　そうしたら、他の日はその分もっと頑張れると思うから」

と伝える方が相手は受け入れやすいでしょう。また、この際にも**「料理作ってくれないなら別れるから！」など、相手を脅すような言い方をしない**ことも大切になります。

これに加えて**退路の確保、すなわち「NOと言われた時にどういうべきか」**も考えておくことも重要です。

主張する際には「相手が嫌だと言ったらどうしよう」と悩んでしまい、言い出せなくなることもありますが、拒絶された場合の別のプランを想定しておけば不安を軽減させることができます。先ほどの主婦の例でも（もし断られたら、出前や外食を認めてもらおう）と決めておけば主張もしやすいでしょう。

また、相手が自分の言うことを受け入れてくれたのであれば、

「助けてくれてありがとう。助かったよ」や、

「本当に優しいよね。世の旦那さんにもあなたを見習ってほしいな」

など「お礼を言うこと」や「相手のことをほめること」も、相手との関係をよりよくするためには重要です。

話し合いをするというと、実際には双方が得をするかたちがあるにも関わらず、「どちらかが得をすればどちらかが損をする」という考えになってしまいがちです（このような考え方を心理学用語で**「固定和幻想」**といいます）。

そのことも意識しておくと、より生産的に話し合いができるでしょう。

相手に「察してほしい」と思うことは誰しもあるもの。

しかし、何も言わないで待っているだけでは気持ちを察してもらえません。また、自己主張しないで我慢を続けて爆発してしまうのであれば、それは結果的にお互いにとってマイナスになってしまいます。

あくまでも感情的になったり相手を嫌な気持ちにさせたりしないような言い方で、自分の欲求を伝える。そのようなことを心がければ、より良い関係の形成につながることでしょう。

■良い例：自分の気持ちを「上手に」主張すると…

素礼さん「ふう……やっぱり、あいつの抜けた穴を埋めるのは辛いわね……。ん、メールだわ」

メール「今週末のテニス、楽しみにしてるからな！」

素礼さん（う、そうだった……。今度のテニスは断ろう。**ダメなら、夕方から待ち合わせにしてもらおう**）

そう思って、素礼さんは恋人に電話をかけました。

彼氏「なんだ、近子？」

素礼さん「**ゴメン！　今度のテニスだけど、仕事続きで体力続かないんだ。だから、映画に行かない？**」

彼氏「え？　映画かぁ……」

素礼さん「**うん。そうしてくれたら、今流行りのやつ一緒に観にいけるし**」

彼氏「じゃあ、そうしようか」

素礼さん「**ありがと！　本当に優しいよね、〇〇って！　楽しみにしてるね！**」
彼氏「ああ、無理するなよ」

こちらでは、自己主張をする際に、「ＮＯと言われた時」のことも想定し、冷静かつ具体的にこちらの提案を相手に伝えたことで、相手に嫌な気持ちを与えずに伝えることができました。また、言うことを聞いてくれたことに感謝したことで、より相手にも良い印象を与えることにもなりました。

まとめ

すれ違いは「自分の気持ちを伝えないこと」でも起こることがある。主張する際は一方的な「要求」ではなく「事実」「感情」「提案」「提案を聞いてくれた時に、相手にどんなメリットがあるか」を冷静に伝え、ＮＯと言われた際にどう言うべきかも考えておく。また、提案が受け入れられたら、しっかりと相手に感謝することも忘れてはならない。

【第4章】

ミスで怒られるのはもう嫌！

「ミス多発型」の許される習慣

・どんなに注意していてもちょっとしたミスが多くなってしまう
・物事を順序立てて行うことが苦手で、手順を飛ばしてしまうことが多い
・なかなか物事に取り掛かることができないまま、締め切りギリギリになって慌てる

このように、ちょっとしたミスや、失敗が原因で相手を怒らせてしまう**「ミス多発型」**の人が相手を怒らせない方法について、この章では解説を行っていきます。

今回の主人公：
打狩《うつかり》 杉太《すぎた》さん
（26歳・会社員）

「ミス多発型」の許される習慣1

「知ってるつもり」を直すとミスが減る

相手の言うことを正しく理解したつもりでも、実際にはよく分かっていなかったということはよくあります。これを防ぐ方法として、指示されたことに対して、「場所」と「期限」を聞いておくことが重要です。意外と「『知ってるつもり』になることでミスにつながる」ということは多いため、正確にしておく必要があります。

ポイント

左のマンガのように場所や期限について「知ってるつもり」でいると、ミスをする場合があります。また「一度仕事に手を付けてしまうと、終わるまで手を離せなくなる」ということもよくありますが、出発ギリギリまで仕事をし続けると、ミスも多くなってしまい、ますます怒られる要因になります。

わかってるはずだったのに…
3時にA営業所へ資料を持ってってくれないか？
あ、ハイ
A営業所か… 最寄りはA駅だろうし 20分あれば着くな…
2時35分
そろそろか… でもこの仕事だけは終わらせないと…!!
よし できた!! じゃ、行ってきますわ!!
なんだアイツ…
別に資料作りは急ぎじゃないのに…
A営業所はっと… え うそ!? 最寄り駅はA駅じゃないの!?
すみません!! 遅れました!!
ハァハァ
遅かったね 早速だけど資料は？
あ… すみません 忘れました…
……

ちょっとしたミスでも何度も繰り返すと、周りからの評価も下がってしまいますし、なによりそういうミスを繰り返す自分自身が嫌になってしまうものです。

ミスが起きる原因についてですが、物事を計画立てて行うのが苦手なために生じてしまうこともあれば、頭では「時間通りに動かないと！」と思っていても、なかなか思うとおりにできないために生じることもあります。

こうしたミスを防ぐために大事なのは、**「いつまでに、何をしなければいけないのか」を明確にしておくことです**。

仕事を行ううえで意外とやってしまうのが「こちらの思い込み」で期限を勘違いしてしまうことではないでしょうか。

たとえばあなたが、

「来週までにやっといて」

といわれて仕事を振られたとしましょう。

そうしたら、あなたは何曜日に仕事を片づけますか？

人によって「月曜日」「水曜日」「来週末まで」と様々な意見が出ることでしょう。

しかし上司は、

「できれば来週の終わりまでに作っておいてほしい」

というレベルの気持ちでお願いしたのかもしれませんし、

「来週の月曜日、朝一までには何が何でもほしい」

というレベルの気持ちでお願いしたのかもしれません。

このようなことを考慮に入れずに、

「急ぎでない仕事を優先させてしまい、急ぐ仕事を後回しにしてしまう」

ということは相手を怒らせる中でもよくあることではないかと思います。

そのため、**仕事を任された際には、**

「何をいつまでにやればいいのか」

を上司などにしっかりと確認したうえで、明確にしておくことが重要です。

そのうえで、忘れないように
「カレンダーや手帳などにメモし、加えてそれを忘れないように声に出す」
と、なお良いでしょう。

また「場所も確認しておく」と書いていますが、なぜこんなことをするの？　と思う方もいるでしょう。

その理由は**「なんとなくこの辺だろう」と軽く考えるとミスの原因になる**からです。

実際、目的地が駅から非常に距離が離れていること、目的地の名前から連想される駅が最寄駅じゃないこと、移転などでそもそも目的地が変わっていることは珍しくありません。

仕事が忙しい時にはこれらの作業を怠ってしまいがちなものですが、

「場所の確認も、大事な仕事の一つ」

と考えておくとミスも減るでしょう。


仮に事前に確認したとしても出発10分前に「ギリギリ終わるだろう」と考えて別の仕事に手を付けてしまい、

「ああ、間に合わない！　けど、この仕事だけは終わらせないと気持ち悪いし……あと5分で終わらせよう！」

と慌てて仕事をすると、遅刻とミスのダブルパンチを貰うこともあります。

仮に時間ぎりぎりに出発したとしても、そんな慌てた状態では忘れ物もする確率は上がるでしょうし、不測の事態が起きた時に対処することもできません。

このようなことを防ぐために、

「今からやる仕事は本当に時間までに終わるのか」

「自分が準備に何分かかるのか」

「不測の事態が起きた時のために何分ほしいか」

といったことも、考慮に入れておくことが重要になります。

ちょっとしたミスを防ぐためには「知ってるつもり」を減らすことが重要です。

「たぶん○分くらいだろう」「おそらく○○に行けばいいのだろう」と考えずに、しっかりと確認をすることがミスを減らすための方法になるでしょう。

■良い例：場所や期限をしっかり把握していると…

部長「出張の準備のため、3時にA営業所の所長と会ってくれ」
打狩さん「分かりました。**ところでこの書類はいつまでにやればいいですか？**」
部長「その仕事は明日の昼まででいい。所長と会う方を優先してくれ」
打狩さん「分かりました（**すぐ、場所を調べておこう……最寄りはB駅で、大体35分で着くな。支度が15分として、余裕を持って14時00分から準備しよう**）」
そして、14時00分になりました。
打狩さん（**部長の仕事もしたかったけど、もう無理だな。チェックリストを見て、持ち物を確認してと**）
そう思い、打狩さんは出かけます。
……それから数十分後、無事得意先に打狩さんは到着しました。
打狩さん「（迷ったけど間に合ったな）こんにちは！　今日はよろしくお願いいたします！」

所長　「ああ、よろしく。資料は持ってきた？」
打狩さん　「はい！」

こちらでは、先ほどの例ではあいまいなままだった「期限」を正確にしておくことで、仕事の優先順位をつけやすくなりました。また「準備にかかる時間」も考慮に入れたうえで「場所」を正確に把握し、かつ「不測の事態に備えた時間」なども考慮に入れれば、遅刻なども減ることでしょう。

まとめ

仕事の期限や場所について「知ってるつもり」にならず、事前に確認をとっておけばミスの予防につながる。また、準備にかかる時間や、不測の事態が起きた時の対処にかかる時間なども考えたうえでスケジュールを組んでおくと、遅刻する確率も下がる。

「ミス多発型」の許される習慣2

物事を「見える化」「細分化」する

つい面倒な仕事を先延ばしにしたり、目についた仕事や、頭に浮かんだ仕事を先にやってしまったりすることはよくあるものです。しかし、それをやってしまうと仕事が予定通りに進まなくなってしまうこともあります。そのため、仕事を行う際には「何をいつまでに、どの順で」行うのかを「見える化」「細分化」することが重要です。

ポイント

左のマンガのように作業を見える化、細分化しておかないと「現在の業務の進捗状況」だけでなく「どれをいつまでに手を付ければいいのか」が分からず、作業が遅れてしまうこともあります。また「思いついたものから手を付ける」と、大事な仕事を後回ししてしまうこともあります。

何から手を付ければいいの…

仕事が上手く進められない理由として、

「他の仕事の予定を優先させてしまい、やらないといけない仕事を忘れてしまった」「予定の見込みが甘く、期限に間に合わなくなってしまう」という失敗が挙げられます。

このようになってしまう原因としては「何をどの順番で行わなければならないか、が分からない」ということがあるのではないでしょうか。

さて、ではどうするか。

このような段取りを上手く立てられないのであれば、心構えを変えるだけでなく、**ちょっとした作業や行動であっても「細分化」を図ることが重要になります**。

頭の中だけでスケジュール管理を行っていると、ついつい状況の把握を忘れてしまいがちなものです。

そこで、

「明日までに得意先にメール」

「3日後までに得意先から返信を貰う」

「7日後までに契約を行う」

といったかたちで最初にスケジュールを組み立てれば、ミスを減らすことにつながることでしょう。ここで注意することは**「作業は細かく、具体的に分ける」ということです。また、このようなスケジュールは頭の中だけで管理するのではなく、「見える化」することも重要です**。

「見える化」とは、文字どおりスケジュールなどを「目で見て確認できるもの」にするということです。

そうして作ったスケジュールを上司や同僚などに見せて添削をしてもらえば、ミスの減少につながります。

加えて**仕事の期限によって棚を分けたり、やるべき仕事のメモをしたりして、「いつまでに、どの仕事を行う」ということも「見える化」**しておけば、ギリギリになってやっていなかった仕事を思い出して仕事をしなければならないという状況も防げるでしょう。

また、みなさんは「未来のことを考える」ということはありませんでしょうか？

と言っても将来のことという意味でなく、たとえば仕事中や休息中に、

「あ、そうだ。今日は15時から会議があるんだよな」

「明日はピクニックだな」

といったことが頭に浮かぶことです（ちなみに、このような未来のことに関する記憶のことを**「展望的記憶」と呼びます**）。

しかし、このようなことをうっかりと、行い忘れてしまうことはだれにでもあるでしょう。このような現象は「普段あまり行わず、特別な行為でもないこと」に対して起きやすいと言われています。

つまり**「〇〇を帰りがけに買う」「電話する」「資料を持参する」などの行動は、忘れやすい傾向があります**ので、「デートをする」「出張に行く」などの特別な行動ばかりでなく、このような行動も**きちんとメモするなどして記憶・記録に留めておくことを忘れないようにしてください**。

また、仕事をしていると**「突然、別のやるべき仕事が頭に浮かんでしまう」**ということはよくあるものです。しかし、頭に浮かんだからといってすぐにその仕事に手をつけてしまう

と、本来の仕事がスケジュール通りに進まなくなってしまいかねません。

「本棚の整理中、新刊を買っていないことに気が付いて書店に走ったら、肝心の棚整理をする時間がなくなった」

という失敗などはその典型でしょう。

そのため、頭に思い浮かんだ仕事にすぐ手を付けるのではなく、それについても**いったん「メモに書く」などによって「見える化」しておき、重要でないなら後に回す**と、そうした失敗を防ぐことにつながるでしょう。

しかし、いきなり「メモを買って、やってみよう！」と思って新しいことを始めても、

「メモをすることを忘れた」

「メモを確認することを忘れた」

「メモをどこかに置き忘れてしまった」

などがあっては本末転倒。

そこで「紙とペンによるメモ」には無理にこだわらず、**スマートフォンなど「自分が普段目を通すもの」を使用する**ことをお勧めします。

■良い例：作業を細分化・見える化すると…

打狩さん（そろそろ出張の準備を急がないと……**けど、最初は計画からだな。**まず得意先の
　　　連絡は今日中で……）
そう言いながら、打狩さんはカレンダーに予定を丁寧に書き込みました。

それから数日後。
打狩さん「さあ、資料の作成だな。えっと……今日は製品データのまとめだけでいいな」
そう言って**「今日すること」のメモに「製品データのまとめ」と書き込みます。**さらに、上から「今日中」「3日以内」「1週間以内」と書かれた棚のうち**「今日中」と書かれた棚から資料を取り出し、仕事を始めました。**

そして更に3日後。
打狩さん「ふう……資料の作成ももう少しかな……。あ！　そういえば部長から別の仕事頼

まれてたんだ！　**やらなきゃ……の前にメモして、と**」

そう言ってメモに記入する打狩さん。しかし、

打狩さん「いや、よく考えたら、この部長から頼まれていた仕事は明後日が期限だ。明日やればいいいな」

そう思った打狩さんは「３日以内」と書かれた棚に、書類をしまいました。

このように、仕事を「細分化」して計画を立てることで「今日はこれだけやれば良い」ということが分かり、計画的に進められました。また、思いついた仕事はいったんメモをしたり、期限順に棚を分けたりなど「見える化」することで、業務の順序を付けられました。

まとめ

仕事を「細分化」「見える化」することは計画通りに仕事を終わらせることにつながる。また「頭に浮かんだ仕事」があったとしても、すぐに手を付けずにいったんメモに書き出しておくことも、優先順位をつけて計画通りに仕事を行うために有効である。

「ミス多発型」の許される習慣3

「周囲の環境」を変えてミスを減らす

ミスの発生を「心構え」だけで減らすことができれば苦労はありません。

あまりに失敗が多いと感じたら、自分以外の環境を変えることによって、ミスを減らす方法を取るのも有効です。

この節では、具体的にどのように環境を変えればミスを減らせるのかの解説を行います。

ポイント

「他の仕事に手を付けると別の仕事を忘れる」「ものの整理や管理が苦手で、忘れたりなくしたりしてしまう」ということは、心構えだけで減らすことは難しいかもしれません。左のマンガのように、どんなに頑張ってもこのようなミスがあると仕事のやる気を疑われてしまいます。

色々と「山積み」なので…
出張も近いし 得意先への 企画書を 練り直さ ないと
あれ この文章 直さないと まずいな
ブルルルルル
わかりました また後ほど ご連絡 しますね
こっちの資料も ちょっと いじっとくか…
ハイ ハイ
おい そろそろ 得意先 行くぞ
あ、ハイ!!
そうだ 午後から 打ち合わせ だった!!
えっと 資料 資料…
おい! いつ用意 できるんだ?
すいません 資料が ないんです… あと 携帯も…
打ち合わせ後
打ち合わせ には遅刻して 怒られるし 今日は 疲れたな もう 帰ろう…
ふぅ
※結局企画書の件も忘れた

仕事でミスをすることは誰にでもあります。

しかし、それが頻繁に発生してしまうと、やる気を疑われてしまいます。

「仕事でミスをするのは、仕事に対してやる気がない証拠だ」と考える人もいるかもしれません。しかし、**実際には「やる気はあるし注意もしているけれども、どうやっても起きてしまう」のがミスというものです**。本書を読んでいるみなさんもおそらくはそうではないかと思います。

しかし、そもそも「意識を変えること」だけでミスを減らせるのであれば、苦労はありません。

そこで、大事なのは「自分が変わること」だけでなく「自分以外の側面」すなわち、環境を調整することです。

机の上にものを出しているとつい気になってしまうのであれば、机の上をまずは片づけておくのも有効でしょう。さらに「そんなことは上司から言われてるし分かってるけど、片づけてもすぐ散らかしちゃうんだよなあ」という方であれば、「この場所はスマートフォン置き場」

と**ケースを設置したり、「外出用のペンケースは常にバッグに入れておく」など、むやみにものを移さない**工夫をすれば、仕事に集中しやすくなるだけでなく、**「どこにものを置いたのか、分からなくなって遅刻しちゃう病」の予防につながる**ことでしょう。

やらなければいけない仕事を忘れてしまうのであれば、「緊急の依頼」「３日以内の依頼」「１週間以内の依頼」などファイルを**別々の棚に入れて収納する**のも一つの方法です。

ちなみに余談ですが、このような方法で机の上を整理しておくことは**「ハロー効果」**の側面からも有効です。

ハロー効果とは簡単に言うと、**その人が持つ目立つ特徴が、全体の評価に及んでしまうこと**であり、顔が良い人は仕事もできるように見えるなどの現象のことです。逆に、身なりがだらしなかったり、机を片づけなかったりするようであれば、仕事ぶりがいい加減な人と見られてしまう可能性があるということです。そのため、普段から身の回りを整とんしておくことをお勧めします。

他にも携帯電話のスケジュール機能とアラーム機能を使って、**「14日の15時50分になったら『会議の準備』というお知らせを鳴らす」**

「仕事を小分けにして『得意先からの返事は○日まで』『注文書作成は△日まで』など、それぞれの期限日が来るたびにアラームを鳴らす」

という形にするのも有効でしょう。

仕事中に他の音や仕事が気になって集中ができないのであれば、

「会議室など、周りに何もないところに行って仕事をしてみる」

「パソコンのモニターを切っておき、仕事中に別のメールを見たり、別の業務に関するサイトを見たりすることを防ぐ」

などの方法もあるでしょう。

ただし、**これらの方法は、ものによっては周囲の理解が必要なものもあります**。

「会議室に行って仕事をする」という方法は、会議室に行っている間は電話を取る必要がないというメリットもあるのですが、周りに相談なく会議室で仕事をするようだと、かえって不快感を与えてしまいます。

逆に職場の人に理解をしてもらうことができれば「ミスが減る環境」を作るうえで大きな

力になってもらえます。職場の理解を得るには自分の苦手なことや得意なことを具体的に説明するなどして、普段から人間関係に気を配り、**協力をお願いできるような関係を**作っておくことも重要になります。

また、このことは仕事だけではなく、家事にも当てはまります。片づけをする時も、「片づいている時の写真」をあらかじめ用意しておいたり、普段の片づけは部屋の隅に置いた大きな箱にいったん放り込むだけに留め、箱の中は定期的にチェックするようにしたりするのもいいでしょう。

このように周囲の環境を変えたり、道具を使ったり、あるいは、周囲の協力を得たりすることで、自分で苦手な部分をカバーできることがあります。

「自分の力で何とかしよう」
「努力でカバーできるはずだ」
などと考えて頑張り続けていると疲れてしまいます。**変えられる環境があるのならば、まずはそれを変えてみるのもいいかもしれません**。

■良い例：「ミスをしにくい環境」にすると…

打狩さん　**「すみません。企画を練り直したいので、会議室に行っていいですか？」**
同僚　「分かった。早めに戻って来いよ」
そう同僚にお願いして、打狩さんは会議室で資料作成を始めました。その間は、同僚が電話を取り次いでくれました。

しばらくして資料作成が終わり同僚にお礼を言った後、席に戻った打狩さん。

すると、突然アラームが鳴りました。

打狩さん「……ん？　アラームか？　……**そうだ、13時からA社で打ち合わせだった！**」

そのことに気が付いた打狩さん。
①**『今日中』と書かれた棚にある『A社』と書かれたファイル**
②**机の上にある「携帯置き場」と書いてあるボックスに入った携帯電話**
をカバンに入れて、忘れ物チェックをした後出かけていきました。

このように、環境を調整して「ミスが起こりにくい状況」を作るだけで、仕事を行ううえでのミスは減りました。

また、会議室に行っている間は他の同僚に電話を取り次いでもらっています。このように周囲に協力をお願いすることも、ミス多発を防ぐためには有効になります。

まとめ

自分の意識変革だけでミスを減らそうと思っても、難しいものがある。そのため自分以外の環境、たとえば机の上の整理をしたりアラーム機能を使ったり、仕事をする場所自体を変えてみたりするのも有効。ただし、環境を変える際は無断で行わず、周囲の理解を得られるように動きかける必要がある。

「ミス多発型」の許される習慣4

「意識して」声に出す

ミスが目立つ人は「なんとなく」で物事を行ってしまうことが原因で、ミスを起こしているのかもしれません。漫然と物事を行うのではなく、作業の期日や手順、目的地などをしっかり確認するなどして、「記憶に留めることを意識する」ようにすれば、ミスを減らすことにつながります。

ポイント

「確認する」という行為は重要ですが、慣れてくると左のマンガのように「確認作業自体を機械的に行う」ということになってしまいがちです。声に出すなどにより「記憶に強く残す」ことを「日々のちょっとした行動」の中でも行うようにすると、よりミスが減ることになるでしょう。

確認したはずなのに…
得意先名よし 金額よし 他も全部よし
うんうん
よし 資料できた!! さあ行こう
…と思ったら 財布を忘れた〜 戻らなきゃ!!
○○社
ドタドタ
前と同じ 失敗を しないように 早めに出て よかった〜
今日は間に合うな
これは私の 欲しかった 資料では ないのだが…
ん?
え!?
す すみません!! 作り直します!!
商談中
やっちまった〜 っていうか…
帰りの駅は どっちだったっけ? そもそも ここどこ?
あれ?
うーん
遅いな あいつ… サボってるな

ミス防止には、「書類チェックは声を出して確認する」「指差し確認をしながらミスをチェックする」などが有効であることは誰しもご存じでしょう。しかし**「しっかりと声を出しているつもりなのに、ミスをしてしまう」ということは珍しくありません。**

その理由として、**「声に出すことやチェックすること自体を機械的に行っている」『書類は間違っていない』という前提のもとにチェックをしている」**などが挙げられます。

最初は書類チェックをする際に、

「得意先名……OK、金額……OK、宛名……OK。大丈夫だな」

としっかりと声に出して確認をしていたとしても、いつのまにか、

「得意先名OK、金額OK、宛名OK。よし、大丈夫」

と「機械的に音読するだけ」になってしまうのです。

そうしたことを防ぐには、「声に出すこと自体を意識する」ことが重要になります。また「声出し」だけでなく「チェックリストの使用」「指差し確認」なども複合させて行うことで、より意識することができるはずです。このように「どうすれば『無意識チェック』をしないか」を考えれば、よりミスを減らすことができるでしょう。

この**「強く意識をする」やり方は日々のちょっとした行動でも有効です**。

みなさんは、美術館に行った時に、「一番印象に残った絵」についてはよく覚えていることでしょう。しかし、「美術館の壁の色」「美術館に飾ってあった花の色」など意識しないで見ていたものについては、覚えていないと思います。

「あれ、財布どこにやったっけ？」

「行きはスムーズに行けたのに、帰りは道に迷ったな……」

「朝スケジュールチェックをしていたのに、なんで忘れたんだろう……」

ということが多いのであれば、

「財布はポケットに入れた、定期も入れた、資料はカバンに入れた……」

「ここの○○の看板の道を左に曲がったな」

「10時から会議、だな。よし、覚えた」

と、声に出すなどによって**「明確に意識に残すようにする」ことによって記憶する**ようにできれば、うっかりミスは減るはずです。

どんなに対策を行ったとしても、その対策自体が形骸化してしまえば意味はなくなってしまいます。また、有効な対策があってもそれを正しく実践しなければ意味がありません。そのため、うっかりミスを防ぐには「機械的な声出しをしないこと」と「日ごろのちょっとしたことでも『強く意識に残す』こと」を大事にすることが重要でしょう。

■良い例：「意識して」声に出すようにすると…

打狩さん「**(よし、出かける前に資料チェックだ)えっと、得意先名、よし。金額、よし。製品名……よくない！　作り直しだ！　気づいてよかった……**」

資料の作り直しをした後、出発の時刻が近づいてきました。

打狩さん「(資料もできたし、出かけよう。**チェックリストを見ながら、と……。)定期は持った。財布は……よし持った。資料も持った。さあ行こう**」

そうして出かけた打狩さん、

打狩さん「(忘れ物をして引き返すこともなかったから、間に合いそうだな……)えっと、今○○の看板を左に曲がったな。それでまっすぐだな」

と道順を頭に刻み込みながら歩いていきました。

……その後、無事に会議が終わり、得意先の方とも別れることになりました。
得意先「いろいろ資料をありがとう。気を付けて帰るんだぞ」
打狩さん「はい！（帰り道もばっちり覚えているから、迷わずに帰れるな）」

このように「声に出すこと」を目的にするのではなく「意識をしながら」声に出すようにすれば、ミスの防止につながります。「出かける際の準備」「初めての道を歩く時」などでも、意識して記憶に残すようにすることで、さらにスムーズに行動できるようになるでしょう。

まとめ

うっかりミスが多いのは「ミスのチェック」自体を機械的に行っていたり「チェックするべきところ」でチェックを行わなかったりするために生じる。そのため、意識をして「機械的にならない」ように意識したり、日ごろの活動でも「記憶にしっかりと留める」ことを意識したりすることが重要になる。

「ミス多発型」の許される習慣5

行動に移る際に「助走時間」を作る

頼まれた仕事になかなか手を付ける気持ちになれず、気が付いたら締め切り間近……ということは誰しもあることでしょう。しかし、これが何度も起きるのであればあなたの中の「モード切替」が上手くいっていないのかもしれません。そこで「モード切替」がしやすいように「助走時間」を作ることが重要になります。

ポイント

仕事をしなければならないことや、頼まれた書類に手を付けないといけないことは頭では分かっているでしょう。しかし「モード切替」ができないと、なかなか物事に手を付けることができなくなってしまうこともあります。ここでも、ついつい先延ばしにしてしまって上司を怒らせてしまいました。

仕事スイッチが入らない…
さあ 今日も仕事がんばろう
うーん
とはいえ…
仕事は面倒だな やる気が出ないし…
おーす
やはい 部長だ!! そろそろ仕事しないと!!
あいつ… 私が来るまで休んでいたな?
じーー
ああ 忙し～
すまんが明日までにこの仕事やっといてくれ
あ はい わかりました
うげえ 面倒くさそうな資料だな
いいや 後でやることにしよう
ポイ
そして夜…
お疲れ様でした～
よーし
頼んだ仕事はどうなったんだ!?
待てー

仕事を頼まれたのに、なかなかやる気になれないまま先送りにしてしまい、気が付いたら締め切り間近になってしまう。勉強や自主トレを頑張ろうと思っても、なかなか取り掛かる気になれずに漫画やテレビを見てしまい、いつの間にか夜が更けている。

こういう経験は誰しも持っていると思います。

このようなことがよく起こるのであれば、「モード切替」が苦手なのかもしれません。

機械は「モード切替」が得意です。さっきまで「表計算」をやっていたのに、すぐに「文章作成」に移り「メール送信」を行うことなど、朝飯前でしょう。

しかし人間はそうはいきません。会社から帰って資格の勉強をしようと思っても、頭が「勉強モード」にならない。出社してデスクに着いても頭が「仕事モード」にならない。このように「モード」「モードを切り替えること」は意外と難しいものです。特にこの「モード切替」が苦手なのであれば**「モード切替のための助走時間」**を作ってみることをお勧めします。

面倒くさいことや興味が湧かないことは、なかなか取り組む気持ちにならないでしょう。

ジョギングなどを始める直前は、

「なんか面倒くさくていやだなあ……」

と感じることでしょう。しかし、

「とりあえず着替えだけでもしよう」

と思ってジョギング用の服に着替えればやる気が出始めるでしょうし、そのあと、

「ちょっと歩くだけでもしてみようかな」

と思って歩き始めれば、次第に「ジョギングしよう」という気持ちになるはずです。

勉強であれば最初は「机に座って参考書だけでも読んでみよう」と考えて机に座ってみる。仕事であれば「まずは書類を１枚だけでも始めるか」と思って、簡単な書類を１枚だけファイルから取り出してこなす。

このように、**最初は「すぐに取り組めそう」な仕事から手を付けるようにするなどで助走時間を作れば、より物事に取り組みやすくなるのです。**

また、これは眠る時にも同様です。

ついつい夜更かしをしてしまうという人は、寝床に入ってもなかなか頭が「休息モード」にならないのかもしれません。

そこで休息をとる前には、テレビを消してからすぐに寝床に入るのではなく「休息モード」に頭を切り替えるために30分ほど「リラックスタイム」を設けると、より気持ちも落ち着いてベッドで休めるでしょう（そもそもテレビやパソコンは気持ちを興奮させるので、そうい

う意味でも安眠のためには有効です)。

物事を「始める瞬間」は非常に大きな力がいるものです。特に「モード切替」が苦手な方にとってはなおさらです。そこで、いきなり全力で取り組もうとするのではなく「助走時間」を作るようにすれば「時間の無駄遣い」の減少につながるはずです。

■良い例：「助走時間」を作ると…

打狩さん「さあ、今日も仕事頑張ろう。とはいえ……**仕事するの面倒だな。まずは簡単な仕事からやろう**」

そういって棚から1枚書類を出し、仕事を始めた打狩さん。仕事がひと段落したところで部長がやってきました。

部長「(お、あいつは今日は頑張ってるんだな) おい、打狩。明日までにこの仕事をやっといてくれ」

打狩さん「え？　はい、分かりました」

……と、返事をして資料を受け取りました。

打狩さん「うげえ、面倒くさそうな資料だな。**まずは手順をリストにして、と**」

そういってメモを作り始め、
打狩さん「よし、**とりあえず簡単な、データチェックだけやってみるか……**」

と、仕事を始めました。


仕事を始める時や別の仕事を任された時などに、簡単な仕事から始めるなど「助走時間」を作ったことで、よりスムーズに物事に取り組むことができるようになりました。このような「助走時間」を作ることは、勉強やスポーツの自主トレなどでも役に立つでしょう。

まとめ

仕事に取り組む気になれず、先延ばしにしてしまい、終わらないことはある。これが頻繁に起こるのであれば「モード切替」が苦手なのかもしれない。その場合、まずは簡単なことや、ちょっとしたことに手を付けるなど「助走時間」を作ることを心がける。

「ミス多発型」の許される習慣6

「シングルタスク」で物事をこなす

一度に複数のことを片づけるというのは意外に難しいもの。

また、そういうことがもともと得意ではない人もいます。

努力によって無理に「できないことをできるようにする」ことには限界があるので、まずは「簡単にできる方法」を考えてみましょう。

ポイント

「同時に複数の物事をこなす力」は、正直なところ才能です。元々「一度に一つずつ物事をこなすことが得意な人」が無理に複数の物事をやろうとしても、限界がどうしても出てしまうことがあります。

左のマンガでも、複数の案件を同時にこなそうと思ってパニックになってしまっています。

同時に複数のことをやろうとすると…

「シングルタスク」と「マルチタスク」という言葉をご存じでしょうか？

これは簡単に言うと**「物事を同時に片づけること」がマルチタスクで、「物事を一つずつ片づけること」がシングルタスクとなります。**

仕事中にいっぱいいっぱいになってしまう人の場合には、この「マルチタスク」が苦手なのかもしれません。

……と言っても分かりづらいと思いますので、パソコンで説明します。

パソコンは非常に便利な代物です。もはや我々はこれなしには毎日を過ごすことはできないでしょう。

しかし、パソコンというのは性能にもよりますが「ある動作」をすると、力を発揮できなくなります。

……それは「同時に複数のことをさせること」です。

たとえば、

「企画書を作成して、あとは見積書のために資料を探して、それからこのファイルは大事だからダウンロードしておいて会議用のデータも集めてと……」

といった処理を同時に行うとどうなるでしょうか？　おそらく処理速度が落ちるのではないでしょうか（もちろん、マルチタスクが得意なパソコンもありますが……）。

すなわち「マルチタスクが苦手」というのは言い換えれば「同時に複数のことをしようとすると処理速度が落ちやすいパソコンと同じ」ということであるとも言えます。

では、どうすれば作業をやりやすくできるでしょうか。

一度にたくさんの処理ができるように、パソコンを改造しますか？

たしかにそう答えた方もいるでしょう。

ただ、そうするにはパーツを買ったり、部品を交換したりと、お金や時間がかかってしまいます。

そうするよりも、最初から、

「パソコンの処理速度が落ちないように、一度にたくさんの指示を与えすぎない」

という方がよほど楽ではないでしょうか。

どういうことを言っているのか、仕事を例に考えてみましょう。

企画書を作成している時に、

「おい、忙しいところ悪いけれど、明日までに見積書を作ってくれ」

と頼まれたとします。

その時、企画書と見積書を同時に進行させようとすると、混乱してしまい、かえって作業が遅くなることがあります。

そこでまずは頼まれた仕事の内容をメモし、それぞれの期日を確認します。そのうえで仕事に優先度をつけて、優先度の高いものからひとつずつこなしていくようにすればよいわけです（メモについては、4章の2節でも触れています）。


「同時に複数のことを片づけることが苦手な人」はどうしてもいるものです。

ですが、パソコンを改造すること以上に、自分を改造するのは大変です。**自分の苦手な面を無理に克服しようとしても限界があります**。

重要なのは、

「自分はこういう状況ではパニックに陥る」ということを理解することです。

苦手な場面をあらかじめ知ることができれば、メモをとったり、「期日」をそれぞれに設けたりすることなどによって、パニックに陥ることを「予防」することができます。パニックが予防できれば、仕事の能率も上がることでしょう。

また、もう一つ大事なことは**「同時に複数のことができないパソコンがあるからといって、そのパソコンの性能自体が悪いというわけではない」**ということです。

人間の場合も「同時に複数のことができない（＝マルチタスクが苦手）」からと言って、必ずしもそういうことが得意な人よりも劣っているというわけではありません。

むしろ、「物事を一つひとつ丁寧にこなすのが得意」ということは、長所になることも多いものです。

一度に複数の物事をこなすのが苦手でも

「自分はできない人」

と思うのではなく、

「単にマルチタスクが苦手なだけだ」

と考えるようにしていただければと思います。

■良い例：仕事を一つずつこなすようにすると…

部長　「悪い、支社に提出する資料を頼めるか？」
打狩さん　「あ、はい！　**すみませんが、午後まで待ってもらっていいですか！**」
部長　「ああ、構わないぞ」
打狩さんは、部長に頼まれた案件をメモしておきました。

そしてしばらくの後。

打狩さん　「よし、注文書完成！　次は部長の案件かな……っと、電話だ」

支社の課長「悪いけど、明日の朝までに本社の売上データを作ってくれ」

打狩さん　「あ、はい！　分かりました！　**（これもメモして、と。これは後にしよう）**」

そう思いながら部長に頼まれた仕事からこなす打狩さん。

その際にふと、

（あ！　そういえばA社の案件やってなかった……）

ということを思い出しました。

しかし、

打狩さん　**(けど、今は部長の案件が先だな)**

そう思ってメモに「A社案件」と、書き残しておきました。

このように、一つずつ確実に片づけることが得意なタイプの方は、無理に物事を同時進行で行わない方が良いかもしれません。むしろ、一つひとつ丁寧にとりくめるという長所を活かせば、より周りと上手くいくことでしょう。

まとめ

「マルチタスク」が苦手な人が無理して複数のことに取り組むと、かえって能率が落ちてしまう可能性がある。そのため、気になったものから手を付けていくのではなく、メモ帳に「やることリスト」を作ることなどにより、一つずつ物事を片づけるようにすると効率もよくなる。

【第5章】

なんであんなことを言ったんだろう…

「一言多い型」の許される習慣

・感情的に余計なことを言って相手を怒らせ、後悔する
・勢いで安請け合いをしてしまったことで、結果的に相手を怒らせてしまう
・ついイライラしてしまうことが多く、それが相手をいら立たせてしまう

このように、**感情的になってしまったり、その場の勢いで発言をしてしまったりすることによって、相手を怒らせてしまうのが「一言多い型」**。

どのようにすれば「一言多い型」が許される人になれるのか、についてこの章では解説を行っていきます。

今回の主人公：
余計名《よけいな》 日戸子《ひとこ》さん
（32歳・販売員）

「一言多い型」の許される習慣1

言いたいことは、まず視覚化する

思いついたことをとっさに口にしてしまって、失敗する。

後で冷静に考えると、「やっぱりよくなかったな」と思うことを言ってしまって、相手を怒らせる。そんな失敗を繰り返してしまうという人もいるのではないでしょうか。

そのような行動を防ぐには、「一度書き出してから発言する」ことが重要になります。

ポイント

左のマンガのように思ったことをそのまま口にしてしまうと、相手が不愉快な気持ちになることがあります。また、相手の話を遮って自分が話したいことを続けてしまうと、相手は話したかったことが話せないことに不満を覚え、嫌な気持ちになるので注意が必要です。

我慢できずに言っちゃった…
…というわけで この秋の 売上アップだけど
こんな感じで いこうと 思うの
……
そこで キャンペーンを 2週間 打つわ
こんな企画じゃ 売上は 上がんないん じゃないですか?
うーん
そうかも しれないけど まだ話は 続くのに…
似たような キャンペーンを A支店がやった ときも足が 出ましたよね?
グチ グチ
む
……
それに 販促グッズも ちょっとなー
ペラ ペラ
ターゲット層に 合ってないと 思いますし…

「口は災いの元」とはよく言ったもの。

思ったことをそのまま口にしてしまって、トラブルになった経験はきっと誰もが持っていることでしょう。

こうしたトラブルの種は至るところに転がっています。

たとえば誰かと会話していて、

「ねえ、今やってる『○○』ってドラマ知ってる？」

と話を振られたとします。

「あれってさ、原作とはだいぶストーリーが違っているんだよね。原作では……」

……と、その人はとても楽しそうに話をしています。

しかし、相手の発言の中に間違いがあることに気付いてしまいました。そんな時に、

「それは違うよ。原作では主人公は『○○』って言ったんだよ。それから……」

などと話を遮って指摘したら、どうなるでしょうか。

きっと相手は良い気分はしないはずです。

前ページのマンガの余計名さんも、まさにそれと同じ状態でした。

店長の話を遮り、自分が思ったことをそのまま口にしてしまったために、周囲からひんしゅくを買ってしまったのです。

このように、

「衝動的に言わなくてもいい余計なことをつい言ってしまい、結果として相手に不快な気持ちを与えてしまっている」

ということもあるのです。

では、どうすれば回避することができるでしょうか。

その方法の一つとして**思ったことがあっても、いきなり心に浮かんだことを全部言うのではなく、少し立ち止まってみる**というやり方があります。

具体的には、いきなり自分の意見を出すのではなく、**思いついたことがあったとしても、大きく深呼吸をしてみれば**、それが適切かどうかを考えることにつながります。

あるいは本題に入る前に、

「すみません。ちょっと聞きたいことがあるのですが、よろしいでしょうか？」

など、クッション言葉をはさみつつ「前置き」をしてみるのもいいでしょう。

他にも、173ページのマンガのように会議などの場で「思ったことが口に出てしまう」場合には、**いったん紙に書いてみるなど「視覚で確認する」という方法**もあります。

物事は視覚で確認するとまた見え方が違ってくるものです。そのため、頭に思ったことを実際にメモに書いてみると、

「このセリフは言っても大丈夫なのかな？」

と立ち止まって考えることにつながります（もっとも、この書いたセリフ自体を相手に読まれてしまっては本末転倒になってしまうので、そこは慎重になる必要があるでしょう）。

思わず考えていることが口から出てしまいそうなシーンはたくさんあります。

たとえば、部下や同僚が仕事でミスをしたことに気づいた時などもそうでしょう。そんな時にいきなり席を立って、

「なんてことをしてくれたんだ！」

などと怒るのは逆効果です。口に出したいのを一度こらえて、同じように「言おうとしたこと」を視覚化してから対応をとると、より相手にとって伝わりやすい言い方が思い浮かぶ

かもしれません。

また、相手に対して嫌な気分を持った時に覚えておいてほしいことですが、**人間は「自分がしたことは強く覚えており、相手がしてくれたことはあまり印象に残らない傾向がある」ということです（これを『自己中心性バイアス』といいます）**。

そのため相手に対して不満を持った時にも、

「なんでいつも自分ばっかり……」

とばかり思わずに

「相手にしてもらっていることもたくさんある」

と考えて、相手に感謝の気持ちを持つことも、重要になると思います。

確かに口は「災いの元」かもしれません。

ですが、**門というものはいきなりバタン！　と全開にするばかりでなく、少しずつ様子を窺いながらギギギ……と開いていくこともできるものです**。

上手に門の開け閉めを調節できるようになると、相手ともより円滑にコミュニケーションを行えるようになるでしょう。

■良い例：思ったことを一度書き出してみると…

店長　「……というわけでこの秋の売上アップはこうするつもりよ。そこで、キャンペーンを2週間打つわ」

余計名さん（ん？　この企画じゃ売上は上がんないんじゃ？）

そう思い、「この企画じゃ売上は上がらないのでは？」と、紙に書く。それを見て、

余計名さん（**いや、今この場でこの言い方はまずいわね。だから最後に話をしよう。『前置き』も忘れないようにして、言い方や表情もやんわりと……**）

と、深呼吸をして落ち着くようにしました。

そして数分後。

店長　「ということだけど、どう？」

余計名さん　**「すみません、ちょっと気になることがあるのですが、よろしいでしょうか？」**

店長　「うん、何？」

余計名さん「販促グッズは、○○社の商品の方が良いんじゃないでしょうか？」
店長「ああ、なるほど……」
以下、和やかな雰囲気で会話が続きました。

このように、思ったことをいきなり口にするのではなく、メモに書き出すなど視覚化してみると自分の発言が適切かどうか分かることもあります。
他にも深呼吸をするなどの方法を使うだけでも『思わず口にしてしまったことで相手を怒らせる』ことを減らせるでしょう。

まとめ

思ったことをそのまま口に出してしまうと、それが原因で相手からひんしゅくを買ってしまうことがある。気になることがあったり、発言したくなった時にはいったん深呼吸をしてみたり、紙に書くなどによって「視覚化」することで「その発言が適切かどうか」を考えたりすることが重要になる。

「一言多い型」の許される習慣2

「余計な解釈」と「完璧主義」をやめる

悪気があって言ったわけではないことでも、こちらが余計な解釈をしてしまうと、途端にそれが悪意に満ちた発言に受け取れてしまうことがあります。

余計なトラブルを生まないためには、物事を客観的な事実として受け止めるようにすることが重要になります。

ポイント

左のマンガのように、何気ない一言を深読みしてしまうと、ひとりで嫌な気分になってしまうことがあります。また、他人のした「ちょっとしたミス」に感情的になってしまっても円滑な人間関係を築くことはできません。

言葉を深読みしすぎて…

なんか先輩 最近 高カロリーなものばっかり食べてません？
何なの…最近太ってきたことバカにしてるの？
む
天丼
ところであんた棚卸は終わったの？
そりゃバッチリですよ～
…ん？これ新製品の在庫分が抜けてんじゃない!!
すいません忘れてました…
あ
なんでそうやる気がないのよ!! 本当にバカじゃないの!?
そういう言い方はないですよ!!
だって前も同じミスあったじゃない!! 仕事やる気ないならやめなさい!!
いくらなんでも言いすぎじゃない？あの子 泣いてたわよ？
ったく…
また言いすぎちゃったな…
すいません…

同じひとつの物事であっても、その人がどのように解釈するかによって、受け取り方は大きく異なります。

その時、**相手の言動などに〝余計な解釈〟を加えてしまうと、怒りやストレスの原因になることがあります**。

いったいどういうことなのか、具体的に説明しましょう。

あなたがオフィスで仕事をしていると、上司からこう声をかけられました。

「先日の案件、A社にまだ連絡していないのか?」

この言葉を聞いて、

「私の仕事が遅いと責めている」

などと感じたらどうでしょうか。

「自分は最近忙しかったんだから、連絡ができないのは当たり前なのに!　そのことも分かってくれていないのだろうか……本当にウチの上司は嫌なヤツだな……」

といったかたちで怒りの感情を持ってしまったり、ネガティブな気分になったりすることでしょう。

しかし、ここでもう一度確認していただきたいのですが、**上司が言ったのは、「A社に連絡したかどうかの確認」でしかありません**。

もしかしたら、あなたがA社への連絡を忘れているのではないかと心配して、話を振ってくれただけかもしれないのです。

余計な解釈を加えず、上司の言葉をそのまま聞いていれば、

「ああ、そうだった。A社に連絡しないと」

と、特にネガティブな気分にならずに行動に移せます。その場合は、怒りの感情を持つこともないはずです。

ついつい相手の発言に対して怒りを持ってしまう人の場合、このように「解釈」の仕方が原因で怒りを抱えてしまっていることがあります。相手が言っていることの意図を誤った解釈をしてしまい、怒る必要のないところで怒ってしまうのです。

そのため、**まず相手が話している内容を余計に解釈せず客観的に見てみる**ことが重要です。

あるいは相手の行動に対して別の見方でとらえ直すことも重要です（**このような方法を『リフレーミング』といいます**）。

たとえば上司に怒られた際にも、

「自分のことが嫌いだから、そう言うんだ」

と思うのではなく、

「自分の成長を促してくれているんだ」

と別の見方でとらえ直してみれば、気持ちも少しは明るくなることでしょう。

また、他にも**自分や相手に対して「完璧主義になりすぎないこと」**も重要です。

人によっては**「0か100か」の考え方をしてしまいやすい方もいます**。このような方は、相手のちょっとしたミスに対しても許せなくなってしまうこともあります。

確かに、物事をきちんとこなすということは重要ですし、ミスがあったりすると我慢ならないという方もいることでしょう。

しかし、仮に少しの不備があった資料を見た時に、

「なんでこれだけしかできていないんだ？　やる気がないんじゃないか？」

と考えると、相手に怒りの感情を持ってしまいます。加えて、
「ミスがあるのは相手のやる気がないからだ」
と思うとますます相手に対してマイナスの感情を持ってしまいます。
そこで**物事に対して完璧主義にならないようにすることや、ミスがあっても未来志向で、「どうすればミスがなくなるだろうか」などを一緒に考えるようにする**こともいいでしょう（これについては、第3章3節も参照していただければと思います）。

相手が何気なくいった一言でも、こちらが誤ったかたちで「解釈」をしてしまうと、途端にその人物が嫌な人に思えてきたり、イライラさせる相手に見えてしまったりすることがあります。

また、それとは別に、物事を完璧に仕上げないと気が済まないという考えを押し付けたために、その人物が「仕事ができないヤツ」だと思ってしまうこともあるでしょう。

そうした関係を立て直すには、まず自分が相手の言動をどのように受け取っているのか、冷静に考えてみることです。そして言動の受け取り方を理解したうえで、相手と接するよう

にすると、良好な人間関係を築くことができるはずです。

■良い例：「余計な解釈」と「完璧主義」がないと…

後輩　「先輩、お昼でもどうですか？」
余計名さん「別にいいわよ？」
後輩　「天丼ですか。なんか先輩、最近高カロリーなものばっかり食べてますね」
余計名さん **「(ああ。そういえば、昨日はかつ弁当、一昨日は唐揚げだったわね)** ところで、棚卸は終わった？」
後輩　「もうそりゃばっちりですよ！」
そう言って後輩は、在庫票を見せてくれました。
余計名さん **「ありがとう！　仕事が早いから助かるわ」**
後輩　「えへへ。そう言ってくれたら嬉しいですよ」
余計名さん「ただ、新製品の在庫チェックが抜けてるわね。後でお願いできる？」
後輩　「分かりました！」

余計名さん「やる気十分ね。**けど、また同じことしないようにどうすれば良いと思う？**」
後輩「えっと……棚卸を始める前に、新製品がないかチェックすることにします！」
余計名さん「うん、よろしくね」

こちらでは、後輩の発言をそのままとらえたおかげで、苛立ちの原因が減りました。また、ミスがあっても完璧主義にならず、まずは相手のことを認めて「どうすれば良いか」を訊くことで、相手と生産的な話をすることができました。

まとめ

ある出来事や相手の言動などに対して余計な「解釈」を加えてしまうと、怒りの感情を持ってしまったり、相手に悪感情を持ってしまったりする。また、完璧主義に陥ると相手のちょっとしたミスも許せなくなる。相手の言動を客観的に見てみたり、別の意味でとらえ直したりすることや、完璧主義になりすぎないことが重要になる。

「一言多い型」の許される習慣3

相手の話を「理解していること」を伝える

「余計な一言」の中には「相手の話を遮って行う、自分のしたい話」や「ちゃんと話を聞いていないのに言ってしまった『分かりました』」なども含まれます。これらを口にしてしまうと相手に不快感を与えたり、後で失敗の原因になってしまったりするため、伝え方に気を付ける必要があります。

ポイント

左のマンガでは、相手の話を聞いている最中に、それを遮って自分の話をしてしまい相手に不快な気持ちを与えています。また、店長からの発言なども適当に聞き流してしまったにも関わらず「分かりました」と言ってしまったため、トラブルの原因になってしまいました。

人の話はよく聞かないと…
楽しそうね これから 何か あるの？
実は これから デート なんです〜
駅前の スポーツ センターに 行くんです
彼氏 スポーツ 好きなんだー
そういえば私も 最近スポーツ しててね…
先週はテニス してたんだけど 私には向いて ないみたいで〜
へー
また 始まったよ… あんたの話 興味ないし…
明日から セールよー 一部商品以外 30％オフ だからね
あ はい わかりました
来週また テニス 行こうかな…
翌日
これ おいくら？
3割引で 3200円 ですよ
たしか セール対象外 になるのは A社だけよね
ハイ
なんでB社の 服まで 割り引いて いるの!?
え!?
あれも セール 対象外よ!!

相手が話していたことを聞いて、

「ああ、それ分かるよ。けどそれはね……」

と自分のしたい話に変えてしまうことはよくあるでしょう。

他にも、相手の話をあまり理解していないのに、ついつい適当に「大丈夫です」と相槌を打ってしまって、その結果失敗してしまうということもあるのではないでしょうか。

とはいえ「相手の話をしっかり聞きましょう」と言われても、そう簡単にはいかないもの。

そこで大事なのは**「こちらの理解を相手に伝えること」**です。

もしも相手がこう話したとしましょう。

「この間、遊園地に行ったんだけどさ、新しい絶叫マシーンがすごかったよ！」

そう言われた際に、自分もその遊園地に最近行ったからと言って、

「ああ、あれ自分も乗ったよ。けどあの遊園地で一番楽しかったのはやっぱり巨大迷路かな。この間、友達と行った時には一人だけ出られない人がいてね、それで……」

と自分の話に持って行ってしまうと、相手は不快になってしまうでしょう。

そうではなく、**相手の話すスピードや考え方、感情などに合わせること**、そして、

「そうなんだ！　やっぱりあれ、怖かったんじゃなかった？」

「もしかして乗ったのって、○○のことなの？」

など、**相手の「気持ち」や「出来事」に応答することを心がける**と、相手もより話しやすくなります。


また、前述したように人間には**「類似性の法則」**というものがあり、**自分と同じような価値観や考え方をする人に好意を持つもの**です。そのため、相手の話を聞く際には、その楽しい気持ちを否定することは避けることも大切です。


他にも**「相手の話の『要点』を正しく理解していることを伝える」**ということも重要です。

「A社にこの間の件、電話で確認しておいてくれ」

と指示を受けた時にも、単に「分かりました」というのではなく、

「A社に、先週送った見積書の金額で問題ないか、確認するってことですね」

など、**具体的に自分が理解していることを確認する**ようにすると、失敗も減るでしょう。


話を聞いていると、つい自分の話したいことに話題を変えてしまう時はあると思います。

あるいはちゃんと聞いていなかったのに適当に返事をしてしまい、後悔することもあるで

しょう。その際にも、このようにちょっとした工夫をすると、周りとのより上手な付き合い方につながります。

■良い例：相手の話を「理解していること」を伝えると…

余計名さん「楽しそうね。これから何かあるの？」
後輩「実はこれからデートなんですよ！」
余計名さん「**へえ、これからデートなんて楽しみね**。どこに行くの？」
後輩「この前駅前にできたスポーツセンターです。彼氏運動好きなんで」
余計名さん「運動好きなんだ！　ならストレス解消になるし、良いわね？」
後輩「そうなんですよ！　この間彼氏と一緒にランニングしたんですけどね、その時にも彼が……」
余計名さん「うん、うん……」

２人が楽しく話をしているところに、店長がやってきました。

店長 「明日からキャンペーンよ。一部以外の製品は30％オフだからね」

余計名さん **「一部って確かA社の製品ですよね。それ以外は全品30％オフなんですね」**

店長 「ううん、B社の製品も対象外よ。頑張ってね」

余計名さん 「はい！」

相手の「楽しい気持ち」「嬉しい気持ち」に応答することによって、相手も不快な感情を持たず、楽しく話ができました。また、店長の話についても「自分の理解」を伝えることによって失敗を防ぐことにつながりました。

まとめ

相手の話を聞いていて、頭に浮かんだ話題をそのまま口にしてしまい相手に不快感を持たれてしまうということは起こり得る。そのようなことを防ぐために、相手の話には「気持ち」や「要点」を理解していることを伝え返すことが重要になる。

「一言多い型」の許される習慣4

「怒りの感情」の「奇襲」に備える

一見、不規則に感じる怒りの感情ですが、人によっては「怒りの感情が起こりやすいパターン」が存在する場合があります。
「自分がどんな時に怒りやすいのか」を理解して、心の準備をしておけば怒りの感情に振り回されることが減る可能性があります。

ポイント

「怒りのパターン」というものは人によって違います。「どういう場合に自分は怒りの感情に襲われるのか」を理解していないと、左のマンガのように「ふいに腹が立つ場面」に遭遇した時に、ついつい感情的になってしまう場合があります。

怒りの感情に備えないと…
昨日は残業だったし　仕事面倒くさいなー
体もダルいし早く帰りたい…
ツカツカ
ちょっと!! この間買った服だけど、すぐ穴があいたわよ!!
え…　突然そんなこと言われても…
はあ…申し訳ありません
ペコ
何よその言い方!! あんた教育がなってないいんじゃないの!?
だってお客様が穴をあけたんですよね!?
そんなことまで面倒見切れませんよ!!
ブチッ
結構よ!! もうここでは買わないから!!
フンッ

人間は多かれ少なかれ、不意打ちには弱いものです。

そのため、普段から不意打ちに備えておくことが重要になります。

どういうことなのか、ひとつ例を挙げて説明してみましょう。


戦国時代の合戦場を想像してみてください。

ここにひとつの城があり、多くの侍が警護に当たっていたとします。

そして、日照りが何日も続いたある日、敵軍の奇襲を城の背後から受けたとします。

その時、警護に当たっていた侍たちが、城の守りについて事前に情報を得ていないのであれば、パニックになってしまい、訓練で鍛えた力を発揮することなく敗れてしまうことでしょう。

しかし、もしも事前に殿様から、

「この城は日照りが続くと後ろの川が干上がり、敵の奇襲を受けやすくなる」


と情報を貰っていたらどうでしょうか。

おそらく、日照りの日が続いたら、侍たちは川が干上がる前に奇襲されないように柵を作るなど、冷静に対処できたはずです。そして敵軍が奇襲を仕掛けてきても、「こんなことは想定内」だと考え、パニックになることなく、いつもの力を発揮して返り討ちにすることができると思います。

これは日常生活でも同様です。

先ほどの戦国時代の例でたとえるならば、あなたが「城」で、怒りの感情が「敵軍」と言うことができます。

城の場合は、守りが弱くなるポイントを知ることが敵の奇襲を防ぐコツでした。人間の場合、城の弱点に当たるものは「怒りの感情を持ちやすいシチュエーション」です。**「自分がこれこれこういう時に怒りの感情に襲われやすい」ということを十分に知っていれば、怒りの感情が湧くのを予防したり、対処しやすくなります**。

「怒りの感情に襲われやすいタイミング？」と疑問に思った方もいると思いますので、具体例を一つ挙げます。

たとえば、あなたが暑い部屋で仕事をしていてイライラしていたとします。

そんな時、隣の席の同僚が「オレ・私すごいんだぜアピール」をしてきました。普段なら笑って聞き流せるような話でしたが、無性に腹が立ちました。

この場合、「暑い中で自慢話を聞かされると、相手の言動に苛立ちやすい」ということが分かります。

このように、どのような環境や状況で怒りの感情が生まれやすいかを知っておくことは重要です。

環境や状況と怒りの感情は、密接につながっています。

他にも、

「寝不足の時には、怒りっぽくなる」

「お昼を食べないまま、3時を過ぎるとイライラしやすくなる」

「上司に怒られた後は、感情を制御しづらくなる」

など、思い当たる場面があるかもしれません。

そうした怒りのシチュエーションを事前に理解しておけば、いざそうなった時に、より慎重に行動しようと思うはずですし、予防策をとることができるはずです。

ただ、ここでひとつ注意をしなければなりません。

すべての殿様が『自分のお城の弱点』を知っているとは限らないように、すべての人が『自分の怒りやすいパターン』を自覚しているとは限りません。

自分がどんな状況で怒りやすいのかが分からない場合は、**「いつ、どこで、どんな時に怒ってしまったのか」を書き出してみましょう**。そうやって状況を整理すれば、怒りやすいパターンを把握するのに役立ちます。

イライラが溜まってきたと感じたら、その時に**「気持ちを落ち着けられる言葉」を心の中でつぶやく**ようにしてみてください。

「大丈夫、こんなことで怒ったりしない」という言葉でもいいですし、

「このくらい、前にも同じようなことがあったし、平気平気！」という言葉や、

「今の気分だったら、余裕で対処はできるな」

という言葉でもいいと思います。

『こう思えば気持ちが落ち着く』というものを探して、使ってみることをお勧めいたします。

■良い例：『怒りの感情』の奇襲に備えた場合

余計名さん（昨日は残業で大変だったわね。……**私は残業明けで疲れた状態でクレーム対応すると、怒りやすいから、少し休ませてもらおう**）

しばらくして、あるお客さんが来店しました。

余計名さん（今日は火曜日ね。……**クレームの多い、例のお客さんが来ると思うから心の準備をしておこう**）。

お客　「ちょっと！　この間買った服なんだけど、すぐに穴があいたわよ！」

余計名さん　「**（む……けど、そのくらいの話で怒ったりしないわ）**服に穴があいていましたか。いつ頃そのことに気が付かれたのですか？」

お客　「先週よ！　買って家に帰った時には穴があいていたのよ！」

余計名さん　「不快なお気持ちをおかけしております。それであれば……」

それから数分後……。

お客　「まあ、仕方がないわね。それじゃあまた買い物させてもらうわ」
余計名さん「ありがとうございます（うん、ばっちり！）」

このように、自分が「どんな時に、怒りやすいのか」を理解しておけば、困った状況が「ふいに訪れる」ということも減るでしょう。そして、実際にイライラしてきたとしても「心の落ち着く言葉」を心の中でつぶやくと、より冷静に対処ができるはずです。

まとめ

怒りの感情に「不意打ち」されると冷静に対処しきれないこともある。しかし、逆に「いつ、怒りの感情が襲ってくるのか」を理解していれば、心の準備や予防はできる。『自分がどんな時に怒ってしまうか』を理解して、更にイライラしてきたら「落ち着く言葉」を心の中でつぶやくようにする。

「一言多い型」の許される習慣5

「期限を付けて」返事を先延ばしにする

乗り気じゃないのに安請け合いをしてしまったり、その場の勢いでＯＫを出してしまったりして、結果的に相手を怒らせてしまうこともよくあります。そうしたトラブルを避けるためには、その場で返答を無理にするのではなく「期限を付けて」先延ばしにすること。そうすることで、相手ともより良い関係を築くことができます。

ポイント

左のようにスケジュールがひっ迫していたり、乗り気でなかったりする時に安請け合いをしてしまうと、仕事が終わらなかったり、そっけない態度を取ってしまったりして、結局、相手に嫌な思いをさせることになります。また返答を急ぐと、自分の状況を考える余裕もなくなってしまいます。

その場で安易にOKすると…
昨日は疲れたなあ…また残業任されるんだもんな
ハァ
日戸子～!! 駅前に美味しいお店できたの知っている?
今夜行かない?
(本当は疲れているけど…)
別にいいわよ
この調子ならなんとか定時までに終わりそうだな…
ふぅ
昨日頼んだ仕事は終わった?
やばい見てなかった!!
すみませんすぐやります!!
ごめん少し遅れるかも～
えー しょうがないなー
ごめん ごめん 行きましょ
ああ もうくたくた…
遅～い
…ってことがあって～
ちょっと～人の話聞いてる?
え? ああ ゴメン
ボ～～

これまでこの章では、「思わず発した一言」で他人を怒らせてしまうパターンを見てきました。

しかし、「思わず発した一言」が相手を怒らせるのは、なにも「その発言が直接相手を怒らせる」場合に限りません。

その他にも、

「思わず安請け合いをしてしまったけれども、後になって面倒になったりできなかったりすることで、怒らせてしまう」

「その場のノリでOKをしたけど、本当は乗り気じゃなかったので、そっけない態度を取ってしまう」

といったパターンが存在しているのです。

特に「衝動的に発言しやすい人」は、

「疲れているにも関わらず、その場でOKしてしまう」

「状況をよく考えずに、GOサインを出してしまう」

といったことをやりがちです。

そうした事態を避けるために有効なのが、

「期限を設けて、返事をいったん先送りにする」

という方法です。

みなさんはほしいものがあった時に、1日経ってから考えてみると、あまりほしくなくなっていたり、そもそも購入するのは経済的に無理があった、といったことに気づいた経験はないでしょうか。

これは相手からの依頼などについても同様です。

203ページのマンガのように突然、食事に誘われた時でも、いったん答えを保留にすることで、

「落ち着いてスケジュールを見直すと、無理なお願いを受けるところだった」

「冷静になってみると、あまり乗り気じゃなかった」

といったことに気づくかもしれません。

返事を先送りにすれば、考える時間を持つことができます。自分の置かれた状況を冷静に判断することができるわけです。

返事を先送りにするメリットはそれだけではありません。

答えるまでにある程度時間をかけられるので、

「冷静に相手に断りを入れられる」

というメリットもあります。

誘いを断るというのは、断る側にも断られる側にもストレスになるものです。

どういう断り方をすれば相手の気分を害さないで済むか、時間を置くことで冷静に考えることができます。


また、断る時は理由だけでなく、態度にも気を配るのもポイントです。

誘ってくれたことを感謝しつつ、

「申し訳ないんだけど」

「本当に悪いんだけど……」

といったクッション言葉を入れて断れば、相手が嫌な気分になるのを多少なりとも軽減させることができるでしょう。

最後に、返事を先送りした時に注意したいことがひとつあります。

それは「ちゃんと返事をする」ということです。

返事を先送りにすると、「返事をするのが面倒になった」、あるいは「返事をすること自体を忘れてしまった」ということになりがちです。

そうしたことがないよう、返事を先送りにする際は具体的な期日を設け、場合によっては**時計やスマートフォンのアラームなどで「返事をする時間」を設定したり、スケジュール帳などに「返事をする締め切り」を記録しておく**など、忘れない工夫をしておきましょう。

確かに相手から受けたお願いを断るのは気が引けるものです。

しかし、乗り気じゃないのにＯＫして相手を白けさせてしまったり、無理に相手に合わせすぎて体調を崩してしまったりしては本末転倒です。

「どうすれば相手が傷つかずに断ることができるのか」をいったん冷静になって考えて、そして行動に移す方が、お互いにとってもより良い結果につながるでしょう。

■良い例：「期限を付けて先延ばし」にすると…

余計名さん（昨日は疲れたわね。あの後残業任されるんだもんなぁ……）

同僚「日戸子、最近駅前に新しいお店できたの知ってる？　なんでも、魚料理がすごく美味しいんだって。ねえ、今夜行ってみない？」

余計名さん「いいわね。**でも、今日は仕事溜まってるから、行くかどうかの返事はお昼まで待ってくれない？**」

そして、お昼10分前に突然余計名さんのアラームがなりました。

余計名さん**（あ、忘れてた！　さっきの返事をしないと！）**

そう思った余計名さんはスケジュール帳を見ながら、

余計名さん（今日は仕事溜まってるし……。**体調も悪いし、無理は禁物ね。さて、どう断るかな……**）

そして、数分後……

余計名さん「ごめん。ちょっと仕事が忙しいから今日は行けそうにないわ。また来週誘ってくれる?」
同僚「うん、別にいいよ。じゃあ来週行こ?」

このように、無理にその場でOKを出すよりも、いったん返事を先送りにしてから行えば、自分の状況をよりしっかりと見ることができるだけでなく、より良い「断り方」を考えることもできます。ただし、返事をすることそのものを忘れないようにしましょう。

まとめ

勢い任せでOKを出してしまうと、結局上手くいかずに相手に嫌な思いをさせてしまうことも多い。「いったん返事を先送りにすること」によって、冷静になって判断することも重要になる。

「一言多い型」の許される習慣6

「一人になれる時間」を作る

一人っきりでいるのも寂しいですが、常に誰かと一緒にいるのもなかなかストレスが溜まるもの。気の合う人が相手でもイライラが募ってしまうこともあるでしょう。そのようなことを防ぐために、時には一人になれるような時間を作ることが大事です。また「一人の時間」を作るためには周囲の力を借りていくのもいいでしょう。

ポイント

誰かに必要とされることは嬉しいものですし、誰かと一緒にいることは楽しいものでもあります。しかし、ずっと誰かと一緒にいることでストレスが溜まってしまうこともあります。左のマンガでも一緒にいて楽しいはずの「彼氏とのひと時」が苦痛になってしまいました。

たまには一人になりたい…

悩みは人に言えば楽になることがあります。

家族の悩み、仕事の悩み、人間関係の悩み……これらを解消するためには誰かに打ち明けることが非常に重要になります。また、家族や友達と一緒にいることや何かをすることは、ストレス解消にも良いでしょう。

しかしその一方で、

「誰かと一緒にいることで溜まってしまうイライラ」

というものもあります。

仮にどんなに素敵なパートナーであっても、どんなに人間関係に恵まれていたとしても、誰かと一緒にいることはストレスの原因になってしまいます。そのストレスを解消できずイライラをぶつけてしまうような言動をとってしまうと、お互いに良い気分はしないもの。

そのため「一人でいられる時間を作ること」も重要です。

たとえば、公園でのんびりと時間を過ごす。

誰にも邪魔されずに、自分の好きな趣味に没頭する。

お気に入りのカフェで読みたかった本を読む。

これらもまた、日ごろから溜まっているストレスを解消するためには有効だと思います。

これは家庭内でも同様です。人間は家族や友達と一緒にいる時にも、多かれ少なかれ気を遣っているものです。

イライラを溜め込まないためにも、

「今日なんだけど、子どもを連れて公園に行ってきてくれない？」

とお願いするなどして、「あえて一人にしてくれる時間」を作ってもらうのも重要です。

ただし、注意することが1点。

もしあなたがフォローすることなく「一人にさせてほしい」という言い方をしてしまうと、**「自分のことが嫌いだから一人になりたい」と誤解されるかもしれないということです**。

「普通の男性はこんなことしてくれないのに、あなたって本当に素敵な男性よね」

「すごいリフレッシュできたよ。のんびりできる時間を作ってくれて本当にありがとう」

と言うなど、**自分を「一人にしてくれる」ことで、どれほど助かっているのか感謝の気持ちを伝えるようにする**と、相手との関係もよくなることでしょう。

誰かと一緒にいることで解消するストレスもあれば、誰かと一緒に「いない」ことで解消できるストレスもあります。そのため、周囲とも相談しながら「時には一人にしてもらう」

ことで、イライラしないようにすることも重要になるでしょう。

■良い例：「一人になれる時間」を作れると…

お客さんや後輩とやり取りをする中で疲れてしまった余計名さん。
近くのカフェを通りかかった時に思いました。
余計名さん「**（ふう……。今日は疲れたから少し休憩しようかな）**」
そして、恋人にメールを1本打ちました。
余計名さん『ごめんね。今日も帰る前に、少しカフェで休ませて？』
そのメールを見た恋人も、
彼氏　「『疲れているんだな。夕飯は僕が作っといてあげるよ』っと……」
そう返信すると、エプロンを身に着けました。
そして少しした後、余計名さんは帰宅しました。

余計名さん「ただいま」
彼氏「おかえり。夕飯できてるよ。ま、インスタントラーメンと冷凍の餃子だけど」
余計名さん「ありがとう！　○○って本当に優しいのね！」

こちらでは、一人になる時間を作ることで、誰かと一緒にいることで溜まるストレスを軽減することができました。また、疲れていることをパートナーにも伝えたことで、相手に協力もしてもらえています。このように、自分の時間を作ることや、時には周囲に協力をお願いすることがイライラしないためには重要になります。

まとめ

誰かと一緒にいたり、誰かに悩みを相談することがストレス解消につながることもあるが、逆に誰かと一緒にいることで気を遣うなど、ストレスを溜めてしまうこともある。時には周囲の協力を得て「一人でいられる時間」を作るようにすることも重要。

あとがき　～すぐに上手くいかなくても落ち込まない！

いかがでしたでしょうか？

本書では「許されない＝相手を怒らせてしまう」パターンを「無自覚型」「すれ違い型」「ミス多発型」「一言多い型」の4つに分け、そのような人が「許される」ための方法を解説いたしました。

もちろん、この本を読んでいきなり、相手に許されるようになるかというと、それは別問題です。人によっては同じ失敗を何度も繰り返してしまうこともあるでしょう。

しかし、**本で読んだ内容がすぐにできるようにならないのは当たり前のこと**です。

もしもあなたが野球の教本を読んだとして、すぐにカーブを投げられるようになるでしょうか？

もしもあなたがシューティングゲームの攻略本を読んだとして、すぐにハイスコアを叩き出せるでしょうか？

おそらくは難しいでしょう。

そのため、仮に失敗したり、この本にあるようなことができなかったりしたとしても落ち込む必要はありません。

「最初から物事が上手くいくわけがない」

「次は、きっとうまくできるはず」

そう考えて、少しずつでもできるようになっていけることを心がけていただければと思います。

人間には得意、不得意があります。

これは**単に勉強や運動の能力だけではなく、人とのかかわりや仕事をするうえでのちょっとしたことなどでも同様**です。たとえば、

「どんなに頑張っても、書類の見落としをしてしまう」

「相手の立場に立って話をするのが苦手で、つい怒らせてしまう」

「笑顔になることが苦手で、相手にぶっきらぼうな印象を与えてしまう」

といったことで悩んでいる方も多いことでしょう。

しかし、そのような不得意なことがあっても、

「○○ができない自分はダメなんだ……」

と落ち込むのではなく、

「自分は○○はできないけど、□□は得意なんだ」と考え、そして「どうして周りと上手くやれないのか」ではなく、「どうすれば周りと上手くやっていけるのか」を考えるようにしていただければと思います。


最後に、**自分の不得意な部分を理解し、配慮してくれるように周囲に理解と援助を求めることも重要**です。

具体的には、

・聞いたことが抜け落ちてしまいやすいなら、指示を紙に書いてもらう。
・予定の見落としが多いのならば、事前にそれを相手に伝えておき、指示をするようにしてもらう。
・段取りをつけて物事を進めるのが苦手なら、スケジュールを目に見えるかたちに作って

もらう。

こういった配慮をしてもらえれば、かなり楽になることでしょう。

もちろん、これらを手伝ってもらう時にも、

「自分はこれが苦手なんだから、やってもらって当たり前」ではなく、

「配慮してくれてありがとう」

という感謝の気持ちを持つことを忘れないようにしましょう。

この世には欠点の無い人間などいるわけがありませんし、一人でなんでも完璧にこなせる人などいるわけがありません。

そのため、**自分の不得意な部分は周囲にサポートしてもらったり工夫をしたりすることでカバーを行い、自分の得意なことがあれば逆にそれで周りをサポートする**などによって、お互いに支え合いながら、より幸せな毎日を送っていただければ嬉しく思います。

■主要参考文献

・『大人のアスペルガー 自閉症スペクトラム障害　ビジネスシーン別 会話メソッド』司馬理英子（主婦の友社インフォス情報社）

・『大人の発達障害 アスペルガー症候群・ＡＤＨＤ シーン別解決ブック（主婦の友新実用ＢＯＯＫＳ）』司馬理英子（主婦の友社）

・『マンガでわかる大人のＡＤＨＤコントロールガイド』福西勇夫・福西朱美（法研）

・『大人のＡＤ／ＨＤ（こころライブラリーイラスト版）』田中康雄監修（講談社）

・『図解 よくわかる大人のＡＤＨＤ〈注意欠陥多動性障害〉』榊原洋一・高山恵子（ナツメ社）

・『イライラしない、怒らないＡＤＨＤの人のためのアンガーマネジメント（健康ライブラリー）』高山恵子監修（講談社）

・『「大人のＡＤＨＤ」のための段取り力（健康ライブラリー）』司馬理英子監修（講談社）

・『大人の発達障害の特性を活かして自分らしく生きる！　実践編』星野仁彦監修（日東書院本社）

・『大人のＡＤＤ：慢性的な注意欠陥を克服するメソッド（きっと上手くいく10の解決法シリーズ）』ステファニー・モールトン・サーキス著、大野裕監修、中里京子訳（創元社）

・『アサーショントレーニング―さわやかな〈自己表現〉のために』平木典子（日本・精神技術研究所）

・『図解 よくわかる大人のアスペルガー症候群』上野一彦・市川宏伸（ナツメ社）
・『コミックエッセイ アスペルガー症候群の「そうだったんだ！」が分かる本』西脇俊二（宝島社）
・『女性のＡＤＨＤ（健康ライブラリーイラスト版）』宮尾益知監修（講談社）
・『片づけられない大人たちのハッピー・マニュアル』中山和彦・小野和哉監修（日東書院本社）
・『「大人の発達障害」をうまく生きる、うまく活かす』田中康雄・笹森理絵（小学館）
・『発達障害に気づかない大人たち』星野仁彦（祥伝社）
・『発達障害に気づかない大人たち〈職場編〉』星野仁彦（祥伝社）
・『アスペルガー症候群だっていいじゃない（ヒューマンケアブックス）』しーた著、田中康雄監修（学研プラス）
・『発達障害 工夫しだい支援しだい（ヒューマンケアブックス）』しーた著、梅永雄二監修（学研プラス）
・『面白いほどよくわかる！ 職場の心理学』齊藤勇監修（西東社）
・『今日から使える行動心理学（スッキリわかるシリーズ）』齊藤勇（ナツメ社）
・『史上最強図解 よくわかる人間関係の心理学』碓井真史監修（ナツメ社）
・『グラフィック認知心理学（Graphic text book）』森敏昭・井上毅・松井孝雄（サイエンス社）
・『よくわかる社会心理学（やわらかアカデミズム・わかるシリーズ）』山田一成・結城雅樹・北村英哉編著（ミネルヴァ書房）
・『もしかして私、大人の発達障害かもしれない!?』田中康雄（すばる舎）

著者紹介

小林奨（こばやし・しょう）

東京都生まれ。中央大学法学部卒業後、大手印刷会社に入社。在職中、会社のメンタルヘルスについて考える中で心理学に興味を持ち、より専門的に学ぶために会社を退職。その後、都内の心理系大学院に進学し、交流分析をはじめ、様々な理論を学ぶ。「多くの人の役に立てる本」「一人だけでなく、大勢で読みたくなる本」を書くために、従来「恋愛心理学」「ビジネス心理学」の世界で使われてきた「社会心理学」をはじめとした、幅広い理論や知識を活かしたライター業を行っている。無類の猫好き。お酒は好きだが、あまり飲めない。

著書に『「ドラえもん」に学ぶ　ダメな人の伸ばし方』『「らく」に生きる技術』『『SLAM DUNK』に学ぶ「癖のある部下」の活用術』（彩図社）、『「ブラックジャックによろしく」から読み解く　面倒くさい人と上手につきあう心理学』（こう書房）などがある。

「なぜか許される人」がやっている24の習慣

平成30年4月10日　第1刷

著　者　　小林奨

発行人　　山田有司

発行所　　株式会社　彩図社
東京都豊島区南大塚3-24-4
MTビル　〒170-0005
TEL：03-5985-8213　FAX：03-5985-8224

印刷所　　シナノ印刷株式会社

URL http://www.saiz.co.jp　Twitter https://twitter.com/saiz_sha

ISBN978-4-8013-0288-4 C0036